하루 4쪽 40일, 한 권으로 끝내는

초등 영어 사이트 워드

이보영 지음

맛있는 books

저자 **이보영**

이보영 선생님은 이화여자대학교 영어교육과와 한국외국어대학교 동시통역대학원 한영과를 졸업하고 이화여자대학교 영어교육학과에서 말하기 교수법 전공으로 박사 학위를 취득한 100% 국내파 영어교육가이다. 「EBS 라디오 Easy English」 등 방송 활동뿐만 아니라, 유·아동 영어교육 프로그램 기획 및 개발, 교사 연수 프로그램 개발 등 다양한 영어 학습자를 위한 영어교육 전문가로 활동하고 있다. 저서로는 『이보영의 여행영어회화』, 『Oh! My Speaking』, 『하루 10분 초등영어』, 『이보영의 120분 시리즈』 등 다수가 있다.

맛있는 초등 영어 사이트 워드

초판 1쇄 발행	2023년 5월 30일
초판 3쇄 발행	2025년 1월 20일

지은이	이보영
발행인	김효정
발행처	맛있는books
등록번호	제2006-000273호

주소	서울시 서초구 명달로 54 JRC빌딩 7층
전화	구입문의 02·567·3861
	내용문의 02·567·3860
팩스	02·567·2471
홈페이지	www.booksJRC.com

ISBN	979-11-6148-070-1 63740
정가	14,800원

제 품 명 : 일반 어린이도서
제조자명 : JRC에듀
판매자명 : 맛있는books
제 조 국 : 대한민국
전화번호 : 02-567-3860
주   소 : 서울시 서초구 명달로 54 JRC빌딩 7층
제조년월 : 판권에 별도 표기
사용연령 : 8세 이상
KC마크는 이 제품이 공통안전기준에 적합하였음을 의미합니다.

파닉스를 뗐는데도 읽기가 안 된다고요?

듣기, 말하기를 넘어 읽기로 도약하고자 할 때 대부분의 아이들은 가장 먼저
파닉스를 익히게 됩니다. 파닉스는 알파벳 철자를 읽는 공식이므로 이 공식을 알면 어느
정도 읽기가 가능해집니다. 하지만 파닉스를 배워도 읽을 수 없는 단어가 여전히 많은데,
이는 파닉스 규칙에 적용되지 않는 단어들이 많기 때문입니다.

보자마자 읽어야 하는 '사이트 워드'

미국의 언어 교육학자인 Dolch 박사와 Fry 박사가 어린이 책을 분석하여 가장 자주 쓰이는 단어를 선정하였고,
보자마자 바로 읽어야 한다는 의미에서 이 단어들을 '사이트 워드(Sight Words)'라고 이름 지었습니다. 사이트 워
드 중에는 파닉스 규칙에 적용되시 않는 단어들이 많기 때문에 별도로 철자와 뜻을 이히는 수밖에 없습니다. 사이
트 워드를 보고 한눈에 무슨 뜻인지 알 만큼 연습하는 것은 영어 읽기를 시작하는 우리 아이들에게 매우 중요한 부분
입니다.

사이트 워드, 이름 그대로 자주 봐야 합니다!

이 책에서는 하루에 4개의 단어만 집중적으로 반복해서 연습할 수 있게 구성했습니다. 순서대로 따라 가기만 하면
사이트 워드를 수차례 반복하며 자연스럽게 단어가 눈에 익고 귀에 익고 손에 익게 됩니다. 아이들의 부담은 최소
화하고 마치 놀이처럼 하나하나 작은 발걸음을 옮기다 보면 어느새 그 단어들이 내 것이 되도록 설계했습니다.

다진 만큼 보이고, 보이는 만큼 읽게 됩니다!

이 책의 사이트 워드는 영어 동화책이나 교재에서 수없이 자주 등장하는 것들입니다. 아이들은 이 책
에서 익힌 단어들을 다른 곳에서 접하면서 다지고 또 다지는 과정을 거치게 되고, 이것이 바로
책을 읽는 능력으로 이어지게 됩니다. 그러니 아이들이 한 번에 모든 것을 기억하고 줄줄
읽게 되지 않는다고 해서 다그치지 마시기 바랍니다. 행복한 읽기 활동을 시작하
려는 우리 아이들에게 영어가 벗이 될 수 있도록 『맛있는 초등 영어 사이
트 워드』가 도와드리겠습니다. 어른들도 곁에서 같이 눈으로,
입으로 익히도록 눈높이를 맞추어 도와주세요.

저자 **이보영**

파닉스와 함께 꼭 익혀야 하는 사이트 워드 160

하루에 사이트 워드 4개

언어학자 Dolch 박사와 Fry 박사가 제시한 사이트 워드 중에서 초등 저학년이 우선적으로 알아야 하는 단어 160개를 선별하여 하루에 4개씩 학습하도록 구성했어요. 문제를 풀고 연필로 쓰면서 각 단어의 발음과 뜻을 반복해서 연습해 보세요.

단어 보고 따라 쓰기

오늘 배울 사이트 워드 4개의 철자, 발음, 뜻을 익히고 단어를 따라 써 보세요. 4개 단어를 보자마자 읽고 뜻을 아는 것이 오늘 학습의 목표입니다.

예문으로 단어 뜻 이해하기

사이트 워드가 예문 속에서 어떻게 사용되는지 확인하면서 각 단어의 의미를 보다 정확하게 이해할 수 있어요. 또한 그림을 통해 단어의 뜻을 쉽게 이해하고 오래 기억할 수 있어요.

문제 풀며 연습하기

A에서는 주어진 단어와 철자가 같은 단어를 찾으면서 사이트 워드의 철자에 익숙해지게 돼요.
B에서는 사이트 워드의 뜻을 고른 후, 알맞은 철자를 고르고 쓰면서 각 단어의 철자를 정확히 인지하게 돼요.

맛있는북스 홈페이지에 로그인한 후 MP3 파일을 다운로드할 수 있어요.

문제 풀며 다지기

C는 앞에서 배운 예문을 읽고 그에 해당하는 그림을 연결하는 문제예요. 사이트 워드와 예문의 의미를 알고 있는지 확인할 수 있어요.

D는 음원을 듣고 빈칸에 알맞은 단어를 써서 문장을 완성하는 문제예요. 사이트 워드의 발음을 알고 있는지 확인할 수 있어요. 또한 완성된 문장 속에서 사이트 워드가 어떤 의미로 쓰였는지 확인하며 단어의 의미를 다시 한번 복습할 수 있어요.

Story 읽으며 확인하기

오늘 배운 사이트 워드 4개가 사용된 이야기를 읽어 보세요. 배운 단어가 이야기 속에서 어떻게 활용되는지 확인하면서 단어에 대한 이해도와 응용력을 높일 수 있어요. 또한 어느새 문장을 술술 읽는 자신의 모습을 보면서 영어에 대한 자신감과 흥미를 키울 수 있어요.

Story 동영상 보기

책에 있는 Story 동영상 QR코드를 스캔해 Story 동영상을 보며 이야기를 들을 수 있어요.

Review로 복습하기

한 주 학습이 끝나면 Review 코너를 통해 앞에서 배운 사이트 워드를 복습해요. 다양한 형태의 문제를 풀면서 각 단어의 발음과 의미를 다시 한 번 떠올리며 연습할 수 있어요.

 부록   표현 카드

사이트 워드가 쓰인 표현 카드를 보며
빠르게 읽는 연습을 해 보세요.

차례

Week 1

Day 01	I	an	like	you	10
Day 02	we	he	and	can	14
Day 03	it	is	my	your	18
Day 04	big	small	too	here	22
Day 05	go	at	am	not	26
Review 1					30

Week 2

Day 06	in	under	are	where	34
Day 07	help	me	a	just	38
Day 08	long	right	its	what	42
Day 09	this	that	good	both	46
Day 10	ride	start	try	will	50
Review 2					54

Week 3

Day 11	come	grow	up	down	58
Day 12	want	look	which	then	62
Day 13	run	stop	get	away	66
Day 14	on	make	put	some	70
Day 15	so	show	only	but	74
Review 3					78

Week 4

Day 16	have	read	again	into	82
Day 17	say	ask	better	together	86
Day 18	see	any	find	found	90
Day 19	new	old	she	has	94
Day 20	these	those	made	who	98
Review 4					102

Week 5

Day 21	cut	the	open	was	106
Day 22	they	went	saw	were	110
Day 23	tell	be	how	never	114
Day 24	his	live	many	out	118
Day 25	work	carry	first	as	122
Review 5					126

Week 6

Day 26	play	with	walk	don't	130
Day 27	our	their	little	no	134
Day 28	do	every	after	from	138
Day 29	call	him	why	came	142
Day 30	know	her	must	before	146
Review 6					150

Week 7

Day 31	for	write	use	when	154
Day 32	eat	much	always	more	158
Day 33	very	now	keep	got	162
Day 34	sit	by	there	does	166
Day 35	best	give	kind	us	170
Review 7					174

Week 8

Day 36	to	take	them	soon	178
Day 37	did	had	light	well	182
Day 38	if	let	hurt	please	186
Day 39	all	of	one	yes	190
Day 40	two	or	think	about	194
Review 8					198

* 정답 및 Story 해석   201   * 사이트 워드 표현 카드   217

Are you ready to read?
Let's start!

보자마자 읽어야 하는 '사이트 워드'
다진 만큼 보이고, 보이는 만큼 읽게 됩니다!

Week 1

Day 1	I □□□	an □□□	like □□□	you □□□
Day 2	we □□□	he □□□	and □□□	can □□□
Day 3	it □□□	is □□□	my □□□	your □□□
Day 4	big □□□	small □□□	too □□□	here □□□
Day 5	go □□□	at □□□	am □□□	not □□□

* 사이트 워드를 학습한 후 각 단어를 읽고 뜻을 말해 보세요.

Day 1

⭐ 사이트 워드를 따라 쓰면서 뜻을 익혀요.

001

I
나는

002

an
하나의

003

like
좋아하다

004

you
너는, 너를

⭐ 사이트 워드가 쓰인 표현을 큰 소리로 따라 읽어요.

I am Tom.
나는 톰이야.

an apple
사과 하나

like it
그것을 좋아하다

You are cute.
너는 귀여워.

A 제시된 단어와 같은 단어를 찾아 동그라미 하세요.

you

yoo	you	yeo
you	yuu	yoe
Yes	Yoo	You

an

a	an	am
ad	ap	an
At	As	An

I

L	T	I
A	I	If
It	Is	I

like

like	line	lake
lice	like	life
lime	luke	like

B 단어의 뜻을 고르고, 알맞은 글자를 찾은 후 단어를 쓰세요.

❶ **like**
(보다 / 좋아하다)

t l i b k o e

❷ **I**
(나는 / 너는)

A T L C I F D

❸ **an**
(그 / 하나의)

c a o n m u e

❹ **you**
(나는 / 너는)

y v e o c r u

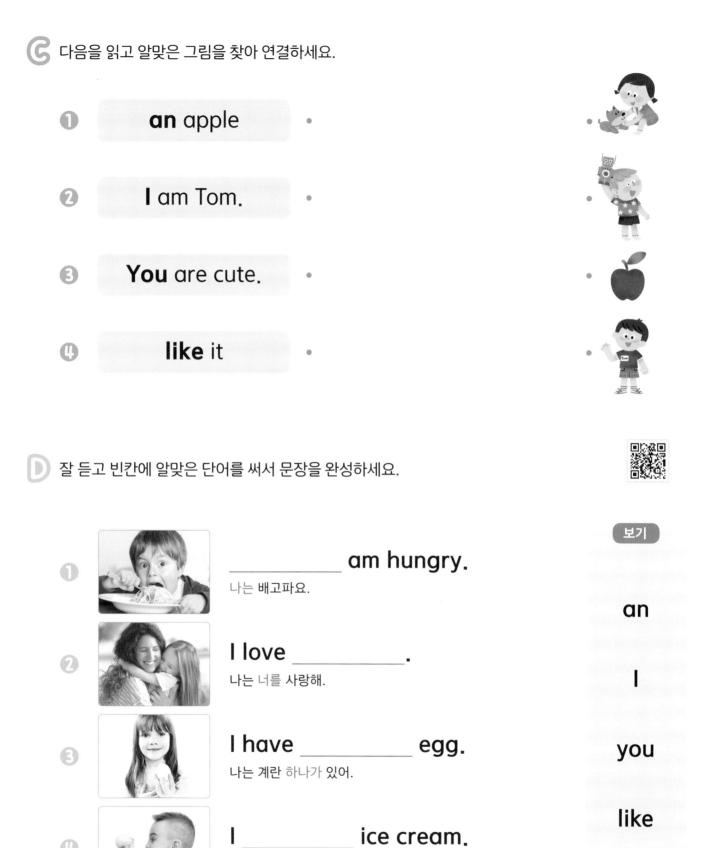

C 다음을 읽고 알맞은 그림을 찾아 연결하세요.

❶ **an** apple

❷ **I** am Tom.

❸ **You** are cute.

❹ **like** it

D 잘 듣고 빈칸에 알맞은 단어를 써서 문장을 완성하세요.

❶ _____ am hungry.
나는 배고파요.

❷ I love _____.
나는 너를 사랑해.

❸ I have _____ egg.
나는 계란 하나가 있어.

❹ I _____ ice cream.
나는 아이스크림을 좋아해.

보기

an

I

you

like

· **hungry** 배고픈 **love** 사랑하다 **have** 가지고 있다 **egg** 계란 **ice cream** 아이스크림

12

An apple! I like apples.
Do you like apples?
No, I don't.

Here is an apple pie.
Oh! I like apple pie!

· **don't** ~하지 않다   **here** 여기에   **apple pie** 애플파이

Day 2

⭐ 사이트 워드를 따라 쓰면서 뜻을 익혀요.

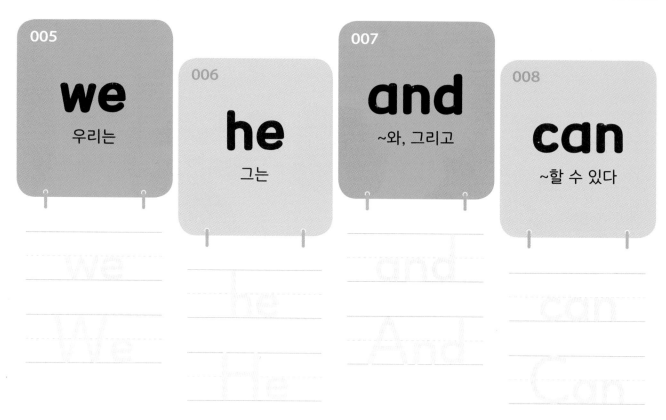

005
we
우리는

006
he
그는

007
and
~와, 그리고

008
can
~할 수 있다

⭐ 사이트 워드가 쓰인 표현을 큰 소리로 따라 읽어요.

We are friends.
우리는 친구야.

He is Sam.
그는 샘이야.

a dog and a cat
개와 고양이

I can swim.
나는 수영할 수 있어.

A 각 사이트 워드가 몇 개 있는지 찾아 개수를 쓰세요.

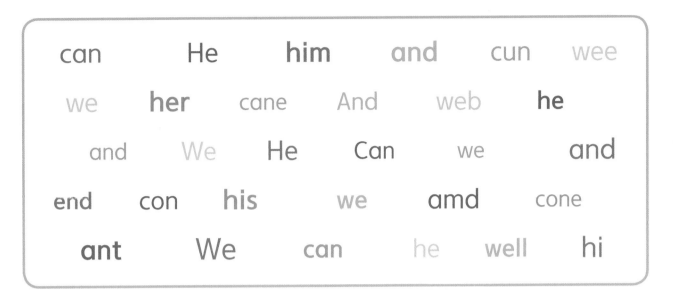

can	He	**him**	and	cun	wee
we	**her**	cane	And	web	**he**
and	We	He	Can	we	and
end	con	**his**	we	**amd**	cone
ant	We	can	he	well	hi

✏️ he _____   can _____   we _____   and _____

B 단어의 뜻을 고르고, 알맞은 글자를 찾은 후 단어를 쓰세요.

① **can**
(좋아하다 / ~할 수 있다)

k u c o a m n

_____

② **he**
(그는 / 우리는)

s i h o e t u

_____

③ **and**
(그리고 / 하지만)

a m o n b d h

_____

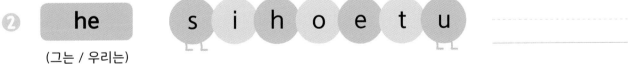

④ **we**
(그는 / 우리는)

v o w u i r e

_____

C 다음을 읽고 알맞은 그림을 찾아 연결하세요.

① **He** is Sam. •

② I **can** swim. •

③ a dog **and** a cat •

④ **We** are friends. •

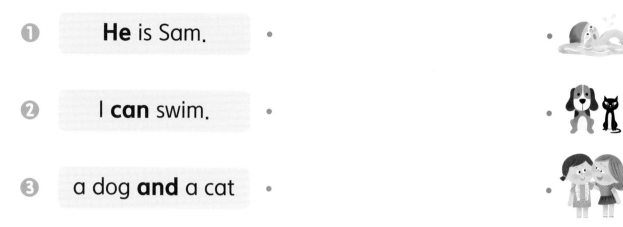

D 잘 듣고 빈칸에 알맞은 단어를 써서 문장을 완성하세요.

① _____ are happy.
우리는 행복해요.

② It _____ fly.
그것은 날 수 있어.

③ _____ is my dad.
그는 우리 아빠예요.

④ I like pizza _____ Coke.
나는 피자와 콜라를 좋아해.

보기

can

he

and

we

· **happy** 행복한 **fly** 날다 **my** 나의 **dad** 아빠 **pizza** 피자 **Coke** 콜라

· **hold** 잡다 **hand** 손 **wow** 우아, 와

Day 3

⭐ 사이트 워드를 따라 쓰면서 뜻을 익혀요.

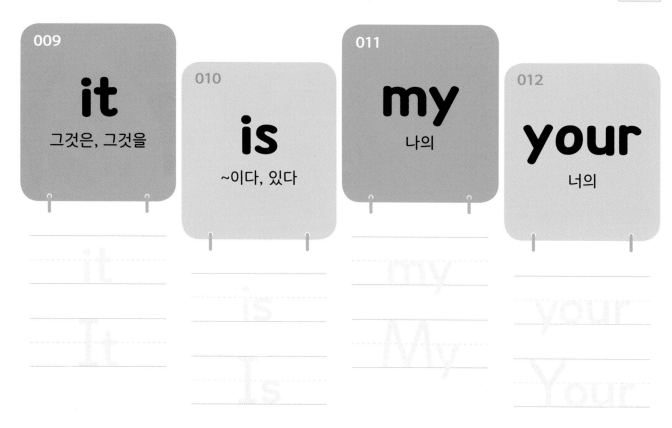

009
it
그것은, 그것을

010
is
~이다, 있다

011
my
나의

012
your
너의

⭐ 사이트 워드가 쓰인 표현을 큰 소리로 따라 읽어요.

It is pretty.
그것은 예뻐.

He is a teacher.
그는 선생님이야.

my dog
나의 개

your dog
너의 개

18

A 제시된 단어와 같은 단어를 찾아 동그라미 하세요.

my

my	mi	me
mo	my	ma
Mi	May	My

is

as	it	is
if	is	us
Is	It	In

it

is	it	if
it	if	in
Is	In	It

your

you	our	your
yours	your	yoor
Your	You're	You

B 단어의 뜻을 고르고, 알맞은 글자를 찾은 후 단어를 쓰세요.

❶ **it**
(나는 / 그것은)

a e i s f t k

❷ **my**
(나의 / 너의)

n y m a e y o

❸ **is**
(그것은 / ~이다)

e i a c s t p

❹ **your**
(나의 / 너의)

y u o k u l r

C 다음을 읽고 알맞은 그림을 찾아 연결하세요.

① **my** dog ·

② He **is** a teacher. ·

③ **your** dog ·

④ **It** is pretty. ·

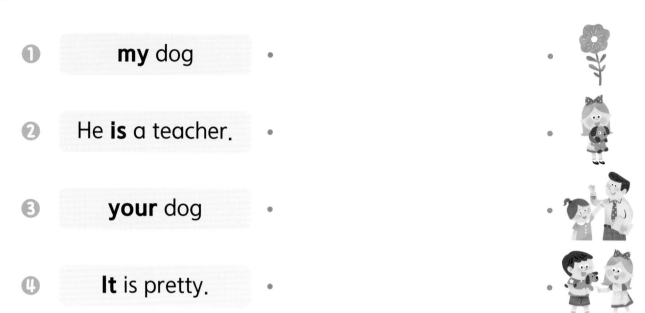

D 잘 듣고 빈칸에 알맞은 단어를 써서 문장을 완성하세요.

보기

① _____ is funny.
그것은 재미있어.

② It _____ an apple.
그것은 사과이다.

③ It is _____ toy.
그것은 나의 장난감이야.

④ _____ hat is pretty.
너의 모자는 예뻐.

my

is

your

it

· funny 재미있는   toy 장난감   hat 모자   pretty 예쁜

20

It is my **toy.**
No! It is my **toy.**

Sam! Your **toy** is **over there.**
Oops! I'm sorry.

· **over there** 저쪽에 **oops** 이크, 이런 **sorry** 미안한

⭐ 사이트 워드를 따라 쓰면서 뜻을 익혀요.

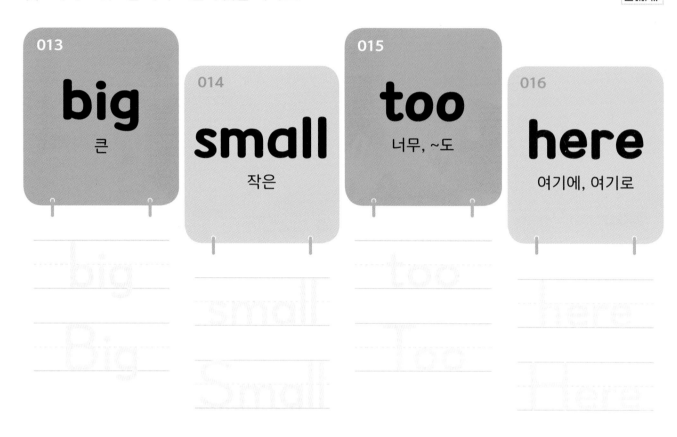

013 **big**
큰

014 **small**
작은

015 **too**
너무, ~도

016 **here**
여기에, 여기로

⭐ 사이트 워드가 쓰인 표현을 큰 소리로 따라 읽어요.

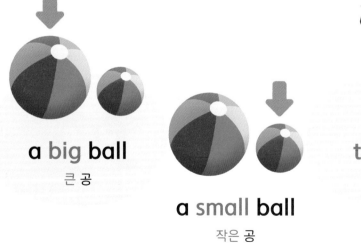

a big ball
큰 공

a small ball
작은 공

too cold
너무 추운

Come here.
여기로 와.

big-too-here-small의 순서를 따라 가며 길을 그리세요.

big	too	here	smell	beg
two	hear	small	bag	too
here	snail	big	tow	hear
smell	big	too	here	small

B 단어의 뜻을 고르고, 알맞은 글자를 찾은 후 단어를 쓰세요.

① **too**
(너무 / 조금)

b t u o e o r

② **big**
(큰 / 작은)

d i b a i q g

③ **here**
(여기에 / 저기에)

h u e a r i e

④ **small**
(큰 / 작은)

s n m e a l l

C 다음을 읽고 알맞은 그림을 찾아 연결하세요.

① a **small** ball   ·

② Come **here**.   ·

③ a **big** ball   ·

④ **too** cold   ·

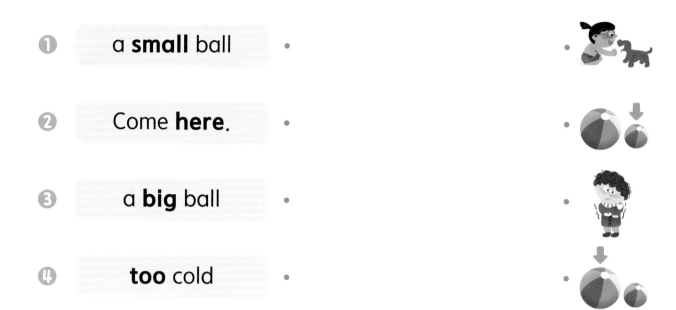

D 잘 듣고 빈칸에 알맞은 단어를 써서 문장을 완성하세요.

① It is _____ big.
그것은 너무 커.

② He is _____.
그는 여기에 있어.

③ The fish is so _____.
그 물고기는 정말 커.

④ The fish is so _____.
그 물고기는 정말 작아.

보기

here

too

big

small

· fish 물고기   so 정말

24

Here **are chairs!**

It is too big.

It is too small.

Oh! It is just right!

· **chair** 의자   **just right** 딱 맞는

학습 날짜 : 　월　일

⭐ 사이트 워드를 따라 쓰면서 뜻을 익혀요.

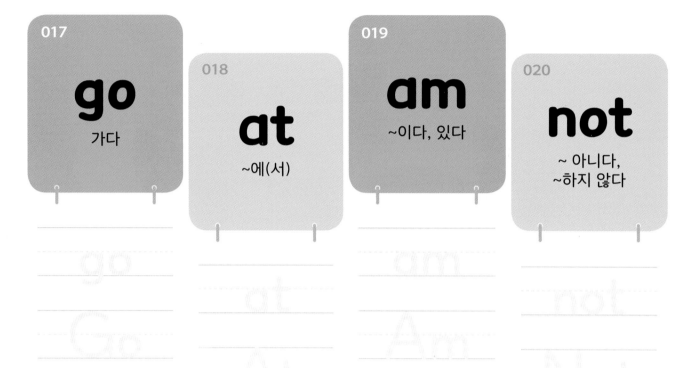

017
go
가다

018
at
~에(서)

019
am
~이다, 있다

020
not
~ 아니다,
~하지 않다

⭐ 사이트 워드가 쓰인 표현을 큰 소리로 따라 읽어요.

go home
집에 가다

at home
집에

I am hungry.
나는 배고프다.

I am not hungry.
나는 배고프지 않다.

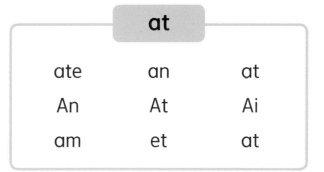

A 제시된 단어와 같은 단어를 찾아 동그라미 하세요.

am		
an	a	am
are	am	um
An	Are	Am

not		
no	not	net
net	note	not
Not	Nat	No

go		
so	goo	go
go	do	gou
Go	No	So

at		
ate	an	at
An	At	Ai
am	et	at

B 단어의 뜻을 고르고, 알맞은 글자를 찾은 후 단어를 쓰세요.

① **go**
(오다 / 가다)
b o g u o r d

② **at**
(~에 / ~ 위에)
e u a c d t u

③ **not**
(~하지 않다 / ~할 수 있다)
m o n e o r t

④ **am**
(하나의 / ~이다)
a u o n m r e

C 다음을 읽고 알맞은 그림을 찾아 연결하세요.

① **at** home ·

② I **am** hungry. ·

③ **go** home ·

④ I am **not** hungry. ·

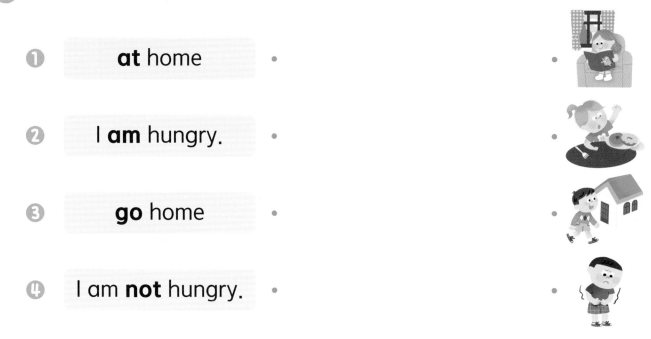

D 잘 듣고 빈칸에 알맞은 단어를 써서 문장을 완성하세요.

보기

① I _____ bored.
나는 심심해.

② I am _____ cold.
나는 안 추워.

③ I will _____ out.
나는 밖으로 갈 거야(나갈 거야).

④ We are _____ school.
우리는 학교에 있어요.

am

go

not

at

· **bored** 지루한 **cold** 추운 **will** ~할 것이다 **out** 밖으로 **school** 학교

28

I am bored. I will go out.
It is very cold. Stay at home.
I am not cold.

Atchoo! I am cold.

· very 아주   stay 머물다   home 집   atchoo 에취[재채기 소리]

Review 1

1 잘 듣고 알맞은 단어를 고른 후 뜻을 연결하세요.

① **we**　**I**　•　•　너무, ~도

② **he**　**it**　•　•　우리는

③ **I**　**you**　•　•　하나의

④ **too**　**go**　•　•　그것은, 그것을

⑤ **an**　**is**　•　•　너는, 너를

⑥ **go**　**so**　•　•　큰

⑦ **small**　**big**　•　•　~와, 그리고

⑧ **an**　**at**　•　•　가다

⑨ **and**　**too**　•　•　~이다, 있다

⑩ **is**　**am**　•　•　~에(서)

2 문장을 읽고 알맞은 뜻에 동그라미 하세요.

① I am hungry.

(나는 / 너는) 배고파요.

② We are happy.

(그들은 / 우리는) 행복해요.

③ It is my toy.

그것은 (나의 / 너의) 장난감이야.

④ He is my dad.

(그녀는 / 그는) 우리 아빠예요.

⑤ It can fly.

그것은 (날 수 있어 / 날 수 없어).

⑥ I am not cold.

나는 (추워 / 안 추워).

3 단어의 뜻을 고르고 퍼즐에서 단어를 찾으세요.

① like

(가다 / 좋아하다)

② big

(큰 / 작은)

③ your

(너는 / 너의)

④ here

(여기에 / 저기에)

⑤ small

(큰 / 작은)

b	s	m	e	l	l	i	y
a	y	o	o	b	i	g	o
g	h	e	a	r	k	b	r
y	u	o	h	o	e	r	s
l	i	v	e	l	a	y	n
y	o	u	r	i	b	o	a
b	u	t	e	k	i	u	l
h	l	i	s	m	a	l	l

4 잘 듣고 알맞은 단어를 골라 빈칸을 채우세요.

① _____ is funny.

(I / It)

② I have _____ egg.

(at / an)

③ It is _____ big.

(too / not)

④ I _____ bored.

(am / is)

⑤ _____ hat is pretty.

(My / Your)

⑥ The fish is so _____.

(big / bag)

⑦ I will _____ out.

(go / do)

⑧ I like pizza _____ Coke.

(an / and)

Week 2

Day 6	in	under	are	where
	☐☐☐	☐☐☐	☐☐☐	☐☐☐
Day 7	help	me	a	just
	☐☐☐	☐☐☐	☐☐☐	☐☐☐
Day 8	long	right	its	what
	☐☐☐	☐☐☐	☐☐☐	☐☐☐
Day 9	this	that	good	both
	☐☐☐	☐☐☐	☐☐☐	☐☐☐
Day 10	ride	start	try	will
	☐☐☐	☐☐☐	☐☐☐	☐☐☐

* 사이트 워드를 학습한 후 각 단어를 읽고 뜻을 말해 보세요.

Day 6

⭐ 사이트 워드를 따라 쓰면서 뜻을 익혀요.

021

in

~ 안에

022

under

~ 아래에

023

are

~이다, 있다

024

where

어디에

⭐ 사이트 워드가 쓰인 표현을 큰 소리로 따라 읽어요.

in the box
상자 안에

under the table
탁자 아래에

You are tall.
넌 키가 크구나.

Where is it?
그게 어디 있지?

제시된 단어와 같은 단어를 찾아 동그라미 하세요.

are

aro	arr	are
aee	are	aer
Are	Arf	Arm

under

undo	under	undor
under	ender	undeo
Unber	Under	Undir

in

in	an	it
is	im	in
In	Is	If

where

whore	where	when
whare	wheoe	where
When	Where	What

B 단어의 뜻을 고르고, 알맞은 글자를 찾은 후 단어를 쓰세요.

① **in**
(~ 안에 / ~ 위에)
e i m u n c r

② **where**
(언제 / 어디에)
w h a e l r e

③ **are**
(~이다 / ~할 수 있다)
c a o r m u e

④ **under**
(~ 위에 / ~ 아래에)
u m n d e i r

C 다음을 읽고 알맞은 그림을 찾아 연결하세요.

❶ You **are** tall. •

❷ **in** the box •

❸ **Where** is it? •

❹ **under** the table •

D 잘 듣고 빈칸에 알맞은 단어를 써서 문장을 완성하세요.

❶
It is _____ the bed.
그것은 침대 아래에 있어.

❷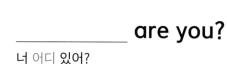
_____ are you?
너 어디 있어?

❸
I am _____ my room.
나는 내 방 안에 있어.

❹
_____ you hungry?
너 배고프니?

보기

under

are

in

where

· bed 침대   room 방

Peter, where are you?
Are you in the box?

Are you under the box?
Oh, you are here! You are so cute!

· box 상자   cute 귀여운

⭐ 사이트 워드를 따라 쓰면서 뜻을 익혀요.

025
help
돕다

026
me
나를, 나에게

027
a
하나의

028
just
그저, 단지

help
Help

me
Me

a
A

just
Just

⭐ 사이트 워드가 쓰인 표현을 큰 소리로 따라 읽어요.

help me
나를 도와주다

love me
나를 사랑하다

a dog
개 한 마리

just kidding
그냥 장난이야

각 사이트 워드가 몇 개 있는지 찾아 개수를 쓰세요.

just	am	**help**	mo	a	held	an
me	**half**	A	halp	an	**hello**	ne
Jest	my	am	Help	mi	juts	help
a	just	**helq**	ad	hold	jusd	Me
Hole	mee	ap	Just	are	A	helf

✏️ a _____　　help _____　　me _____　　just _____

B 단어의 뜻을 고르고, 알맞은 글자를 찾은 후 단어를 쓰세요.

① **me**
(나를 / 너를)
w l m u o e r

② **help**
(주다 / 돕다)
b u h a e l p

③ **a**
(하나의 / 그)
c i o a m u e

④ **just**
(너무 / 그저)
g u j u c s t

C 다음을 읽고 알맞은 그림을 찾아 연결하세요.

1. **a** dog
2. love **me**
3. **just** kidding
4. **help** me

D 잘 듣고 빈칸에 알맞은 단어를 써서 문장을 완성하세요.

1. They love _____.
   그들은 나를 사랑해요.

2. It is _____ wolf.
   그것은 늑대 한 마리이다.

3. I'm _____ looking.
   저는 그냥 구경하고 있어요.

4. _____ me, please.
   나 좀 도와줘.

보기

me

help

a

just

· they 그들은   wolf 늑대   look 보다, 구경하다   please 제발

Wolf! It's a wolf! Help me!

Where is the wolf?
Haha! I'm just kidding.

Wolf! It's a wolf! Help me!

This time no one came to help.

· **kid** 농담하다, 장난치다   **this time** 이번에는   **no one** 아무도 ~하지 않다   **came** 왔다

⭐ 사이트 워드를 따라 쓰면서 뜻을 익혀요.

029
long
긴

030
right
맞는, 오른쪽

031
its
그것의

032
what
무엇

long
Long

right
Right

its
Its

what
What

⭐ 사이트 워드가 쓰인 표현을 큰 소리로 따라 읽어요.

long hair
긴 머리

right hand
오른손

its ears
그것의 귀

What is it?
저게 뭐지?

A 제시된 단어와 같은 단어를 찾아 동그라미 하세요.

what

who	what	whale
why	whad	what
Whet	What	Where

its

is	it	its
it's	its	ips
Its	If	It's

long

loog	long	lang
log	leng	long
lonk	long	rong

right

right	ring	light
rigdt	rigt	right
ripht	right	righd

B 단어의 뜻을 고르고, 알맞은 글자를 찾은 후 단어를 쓰세요.

① **long**
(긴 / 맞는)

r l o e n p g

② **its**
(나의 / 그것의)

i s t d c s u

③ **what**
(무엇 / 어디에)

h w b h a t q

④ **right**
(긴 / 맞는)

r b i g p h t

C 다음을 읽고 알맞은 그림을 찾아 연결하세요.

① **its** ears ·

② **long** hair ·

③ **What** is it? ·

④ **right** hand ·

D 잘 듣고 빈칸에 알맞은 단어를 써서 문장을 완성하세요.

보기

①
That's _____.
그것은 맞아.

②
It has _____ ears.
그것은 긴 귀를 갖고 있어.

③
_____ tail is long.
그것의 꼬리는 길어.

④
_____ is your name?
너의 이름은 뭐야?

what

its

right

long

· **that** 그것   **has** 가지고 있다   **ear** 귀   **tail** 꼬리   **name** 이름

Its **tail** is short.
Its **ears are** long.
What is it?

It's a rabbit.
That's right.

· **short** 짧은   **rabbit** 토끼

⭐ 사이트 워드를 따라 쓰면서 뜻을 익혀요.

033

this
이것, 이 ~

this
This

034

that
저것, 저 ~

that
That

035

good
좋은

good
Good

036

both
둘 다

both
Both

⭐ 사이트 워드가 쓰인 표현을 큰 소리로 따라 읽어요.

this tree
이 나무

that tree
저 나무

a good friend
좋은 친구

both colors
두 색 모두

46

A this-good-that-both의 순서를 따라 가며 길을 그리세요.

this	god	that	goose	thet
good	thet	both	this	good
that	boss	that	bath	that
both	this	good	this	both

B 단어의 뜻을 고르고, 알맞은 글자를 찾은 후 단어를 쓰세요.

① **good**
(나쁜 / 좋은)

q g e o u o d

② **that**
(이것 / 저것)

t b h e a c t

③ **both**
(그저 / 둘 다)

d b e o c t h

④ **this**
(이것 / 저것)

t s h a i t s

C 다음을 읽고 알맞은 그림을 찾아 연결하세요.

1 **that** tree •

2 **both** colors •

3 a **good** friend •

4 **this** tree •

D 잘 듣고 빈칸에 알맞은 단어를 써서 문장을 완성하세요.

1 You are a _____ boy.
너는 착한(좋은) 아이야.

2 _____ is my pencil.
이것은 내 연필이야.

3 We are _____ happy.
우리는 둘 다 행복해.

4 Is _____ your hat?
저것은 너의 모자야?

보기

that

good

this

both

· **boy** 남자아이 **pencil** 연필

Is this your ax?
No, that is not my ax.

Is this your ax?
No, that is not my ax.

You are a good man.
I will give you both.

· ax 도끼 man 남자 give 주다

Day 10

⭐ 사이트 워드를 따라 쓰면서 뜻을 익혀요.

037
ride
타다

ride
Ride

038
start
시작하다

start
Start

039
try
노력하다, 해 보다

try
Try

040
will
~할 것이다

will
Will

⭐ 사이트 워드가 쓰인 표현을 큰 소리로 따라 읽어요.

ride a bike

자전거를 타다

Let's start.

시작하자.

try it

그것을 해 보다
(먹어 보다)

I will go home.

나는 집에 갈 거야.

A 제시된 단어와 같은 단어를 찾아 동그라미 하세요.

will

well	wil	will
wall	will	wull
Will	Vill	Why

ride

ride	rice	rode
ribe	lide	ride
rade	ride	rike

try

tri	try	tree
trai	toy	try
Try	Fry	Cry

start

start	star	street
statr	stert	start
smart	start	spart

B 단어의 뜻을 고르고, 알맞은 글자를 찾은 후 단어를 쓰세요.

❶ **try**
(시작하다 / 해 보다)

d r t l r i y

_____

❷ **will**
(~했다 / ~할 것이다)

w e i l c l k

_____

❸ **ride**
(타다 / 해 보다)

l r i b d o e

_____

❹ **start**
(시작하다 / 끝내다)

s t e a r d t

_____

C 다음을 읽고 알맞은 그림을 찾아 연결하세요.

① **try** it •

② Let's **start**. •

③ I **will** go home. •

④ **ride** a bike •

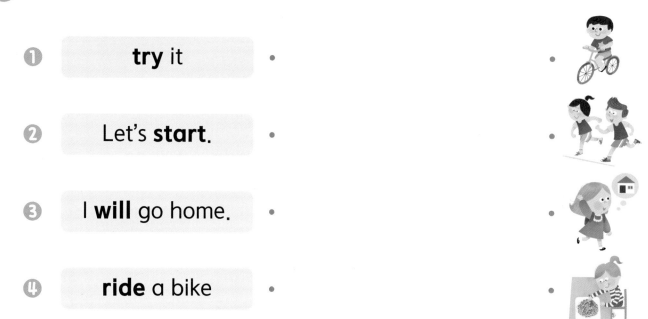

D 잘 듣고 빈칸에 알맞은 단어를 써서 문장을 완성하세요.

보기

① _____ hard!
열심히 노력해!

② They _____ to run.
그들은 달리기 시작한다.

③ Let's _____ skateboards.
스케이트보드 타자.

④ You _____ like it.
너는 그것을 좋아할 거야.

try

will

start

ride

· **hard** 열심히 **run** 달리다 **Let's ~** ~하자 **skateboard** 스케이트보드

52

Let's ride skateboards.
I'm afraid.
Try it. You will like it.

Okay, I will try.
Good! Let's start!

· afraid 무서운   okay 좋아

Review 2

1 잘 듣고 알맞은 단어를 고른 후 뜻을 연결하세요.

① long good • • 저것, 저 ~

② in at • • ~이다, 있다

③ this that • • 긴

④ ride start • • ~ 안에

⑤ am are • • 타다

⑥ the a • • 돕다

⑦ help go • • 둘 다

⑧ both just • • 하나의

⑨ it its • • 어디에

⑩ what where • • 그것의

2 문장을 읽고 알맞은 뜻에 동그라미 하세요.

① They love me.

그들은 (나를 / 너를) 사랑해요.

② That's right.

그것은 (맞아 / 틀려).

③ This is my pencil.

(이것은 / 저것은) 내 연필이야.

④ It is under the bed.

그것은 침대 (위에 / 아래에) 있어.

⑤ I'm just looking.

저는 (항상 / 그냥) 구경하고 있어요.

⑥ You will like it.

너는 그것을 (좋아해 / 좋아할 거야).

3 단어의 뜻을 고르고 퍼즐에서 단어를 찾으세요.

① good
(좋은 / 긴)

② try
(노력하다 / 시작하다)

③ help
(만들다 / 돕다)

④ what
(무엇 / 어디에)

⑤ start
(가다 / 시작하다)

h	e	r	w	h	a	t	s
e	t	r	i	s	t	h	t
l	s	g	o	o	d	a	a
f	s	t	e	r	t	l	r
g	w	h	e	t	g	p	t
o	h	e	t	r	i	w	r
o	e	l	p	y	r	h	a
b	l	p	s	t	e	r	t

4 잘 듣고 알맞은 단어를 골라 빈칸을 채우세요.

① I am _____ my room.
(in / under)

② Is _____ your hat?
(this / that)

③ It has _____ ears.
(big / long)

④ _____ you hungry?
(Is / Are)

⑤ _____ are you?
(Where / What)

⑥ _____ tail is long.
(My / Its)

⑦ We are _____ happy.
(both / just)

⑧ Let's _____ skateboards.
(ride / start)

Week 3

Day 11	come	grow	up	down
	□□□	□□□	□□□	□□□

Day 12	want	look	which	then
	□□□	□□□	□□□	□□□

Day 13	run	stop	get	away
	□□□	□□□	□□□	□□□

Day 14	on	make	put	some
	□□□	□□□	□□□	□□□

Day 15	so	show	only	but
	□□□	□□□	□□□	□□□

* 사이트 워드를 학습한 후 각 단어를 읽고 뜻을 말해 보세요.

⭐ 사이트 워드를 따라 쓰면서 뜻을 익혀요.

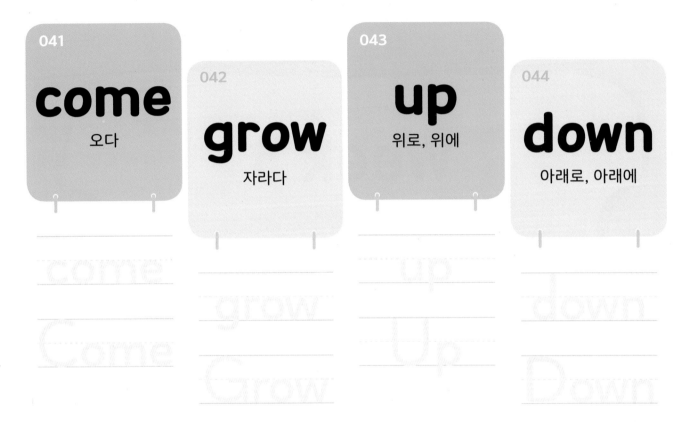

041

come
오다

042

grow
자라다

043

up
위로, 위에

044

down
아래로, 아래에

⭐ 사이트 워드가 쓰인 표현을 큰 소리로 따라 읽어요.

come in
들어오다

grow tall
크게 자라다

go up
(위로) 올라가다

go down
(아래로) 내려가다

A 제시된 단어와 같은 단어를 찾아 동그라미 하세요.

up

un	up	op
um	uq	up
Ub	Up	Op

grow

grew	grow	glow
grow	graw	grass
gruw	grov	grow

come

come	came	cum
cume	cone	come
Come	Coem	Cemo

down

down	town	doll
dow	dewn	down
dovn	down	dowm

B 단어의 뜻을 고르고, 알맞은 글자를 찾은 후 단어를 쓰세요.

① **up**
(위로 / 아래로)
n u b o p q r

② **come**
(오다 / 가다)
k c e o m n e

③ **down**
(위로 / 아래로)
b d o v w m n

④ **grow**
(달리다 / 자라다)
g b r e o w r

C 다음을 읽고 알맞은 그림을 찾아 연결하세요.

① go **up** •

② **grow** tall •

③ **come** in •

④ go **down** •

D 잘 듣고 빈칸에 알맞은 단어를 써서 문장을 완성하세요.

① Sit _____.
(아래로) 앉아.

② Stand _____.
(위로) 일어서.

③ _____ home early.
집에 일찍 와.

④ They will _____ big.
그것들은 크게 자랄 거예요.

보기

grow

down

come

up

· **sit** 앉다 **stand** 일어서다 **early** 일찍

I have beans.
They will grow big.

Wow! I will go up there.

No! Come down!

- bean 콩 there 저기에

학습 날짜 :   월   일

★ 사이트 워드를 따라 쓰면서 뜻을 익혀요.

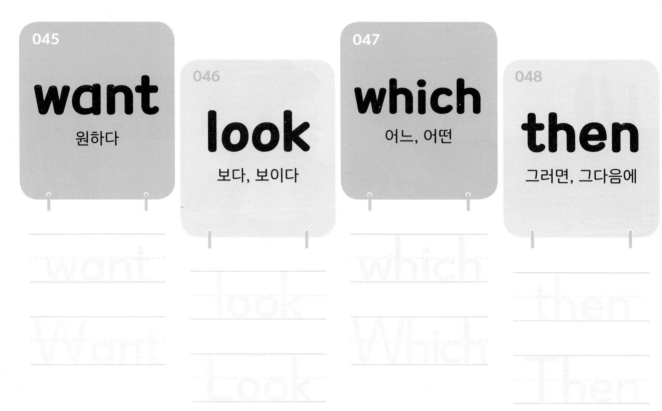

045
want
원하다

046
look
보다, 보이다

047
which
어느, 어떤

048
then
그러면, 그다음에

★ 사이트 워드가 쓰인 표현을 큰 소리로 따라 읽어요.

want it
그것을 원하다

look at me
나를 보다

Which color?
어느 색?

Wash first. Then eat.
먼저 씻어. 그런 다음에 먹어.

각 사이트 워드가 몇 개 있는지 찾아 개수를 쓰세요.

went	look	**why**	want	which
then	**wane**	loog	than	wake	**why**
look	whish	**that**	What	**looc**	then
whet	Then	**look**	want	**them**	loom
when	than	whose	look	Which

✏️ want _____   look _____   which _____   then _____

B 단어의 뜻을 고르고, 알맞은 글자를 찾은 후 단어를 쓰세요.

① **look** (보다 / 오다)
b l o u o x k

② **want** (해 보다 / 원하다)
w e a n d t u

③ **then** (먼저 / 그다음에)
d t p h a e n

④ **which** (왜 / 어느)
w h e i s c h

C 다음을 읽고 알맞은 그림을 찾아 연결하세요.

① **look** at me •

② **want** it •

③ **Which** color? •

④ Wash first. **Then** eat. •

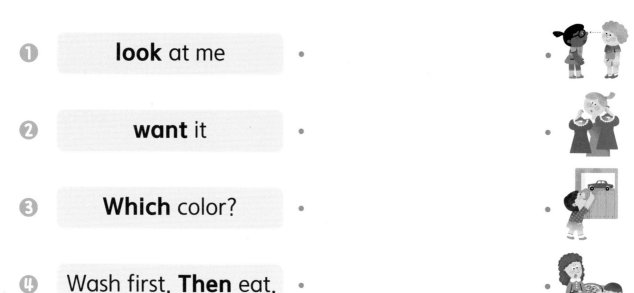

D 잘 듣고 빈칸에 알맞은 단어를 써서 문장을 완성하세요.

① You _____ funny.
너 우스꽝스러워 보여.

② _____ one do you want?
너는 어느 것을 원해?

③ I _____ this bag.
나는 이 가방을 원해요(갖고 싶어요).

④ I came first, _____ Ann.
내가 맨 먼저 왔고, 그다음에 앤이 왔어.

보기

want

then

look

which

· **funny** 재미있는, 웃긴   **bag** 가방   **first** 맨 먼저, 처음

 **Story** 스토리를 잘 듣고 큰 소리로 따라 읽어요.

Do you **want** this hat?

No, I don't **want** that.

Then which one?

I **want** this hat.

Haha, you **look** funny.

학습 날짜 :   월   일

⭐ 사이트 워드를 따라 쓰면서 뜻을 익혀요.

049
run
달리다

run
Run

050
stop
멈추다, 멈춤

stop
Stop

051
get
받다, 얻다, 잡다

get
Get

052
away
떨어진 곳에, 다른 데(로)

away
Away

⭐ 사이트 워드가 쓰인 표현을 큰 소리로 따라 읽어요.

run fast
빨리 달리다

stop the car
차를 멈추다

get the ball
공을 잡다

Go away!
저리 가!

제시된 단어와 같은 단어를 찾아 동그라미 하세요.

run

ran	rum	run
ren	run	ruin
Run	Ron	Rin

get

gem	get	got
get	gen	gep
Gat	God	Get

away

way	away	avay
awey	awai	away
away	avay	sway

stop

stop	top	step
stap	stop	stup
Stop	Stog	Stob

B 단어의 뜻을 고르고, 알맞은 글자를 찾은 후 단어를 쓰세요.

① **stop**
(가다 / 멈추다)

z s t e o b p

② **get**
(받다 / 주다)

g a e d t i p

③ **run**
(달리다 / 걷다)

l e r u m n e

④ **away**
(가까이 / 떨어진 곳에)

a i w e a i y

C 다음을 읽고 알맞은 그림을 찾아 연결하세요.

① **stop** the car ·

② **get** the ball ·

③ **run** fast ·

④ Go **away**! ·

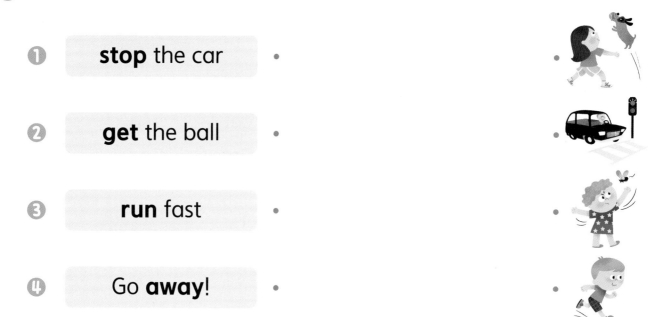

D 잘 듣고 빈칸에 알맞은 단어를 써서 문장을 완성하세요.

보기

run

stop

get

away

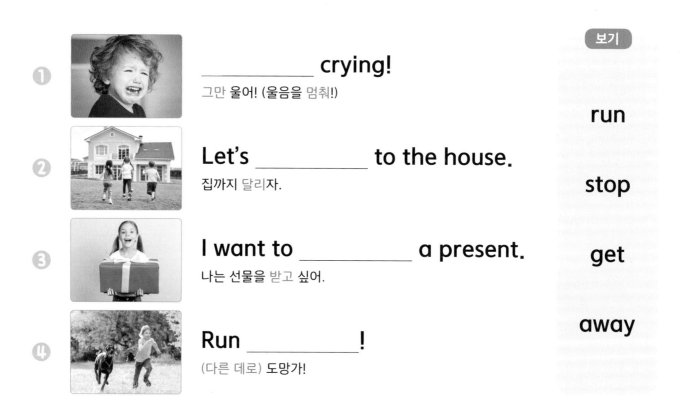

① _____ crying!
그만 울어! (울음을 멈춰!)

② Let's _____ to the house.
집까지 달리자.

③ I want to _____ a present.
나는 선물을 받고 싶어.

④ Run _____!
(다른 데로) 도망가!

· cry 울다   house 집   present 선물

68

Hi!
Oh! It's moving.

I can run. I'll run away.
Stop running! Get him!

· move 움직이다 him 그를

학습 날짜 :　　월　　일

⭐ 사이트 워드를 따라 쓰면서 뜻을 익혀요.

053
on
~ 위에

054
make
만들다

055
put
놓다, 두다

056
some
조금, 약간의

⭐ 사이트 워드가 쓰인 표현을 큰 소리로 따라 읽어요.

on the table
탁자 위에

make a cake
케이크를 만들다

put it there
거기에 그것을 두다

some juice
주스 조금

A put-some-make-on의 순서를 따라 가며 길을 그리세요.

put	sone	make	on	put
some	meke	some	nake	some
make	on	put	sume	make
an	pat	same	made	on

B 단어의 뜻을 고르고, 알맞은 글자를 찾은 후 단어를 쓰세요.

① **make**
(놓다 / 만들다)

n m a d k o e

② **put**
(놓다 / 만들다)

b p a u d c t

③ **on**
(~ 위에 / ~ 아래에)

a u o m p n f

④ **some**
(조금 / 많은)

c s o a m u e

C 다음을 읽고 알맞은 그림을 찾아 연결하세요.

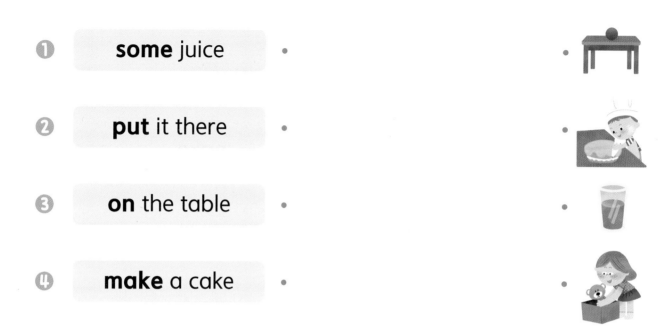

❶ **some** juice ·

❷ **put** it there ·

❸ **on** the table ·

❹ **make** a cake ·

D 잘 듣고 빈칸에 알맞은 단어를 써서 문장을 완성하세요.

❶ Have _____ bread.
빵을 좀 먹어.

❷ It's _____ the table.
그것은 탁자 위에 있어.

❸ _____ it in the bag.
그것을 가방 안에 넣어.

❹ Let's _____ a sandwich.
샌드위치를 만들자.

보기

put

some

on

make

· **have** 먹다 **bread** 빵 **table** 탁자 **sandwich** 샌드위치

Let's make a sandwich.
Put some ham on the bread.

Put some tomatoes on the ham.

Yum! This is good!

· ham 햄 tomato 토마토 yum 냠냠 good 맛있는

⭐ 사이트 워드를 따라 쓰면서 뜻을 익혀요.

057
so
정말, 그렇게

058
show
보여 주다

059
only
유일한, 겨우

060
but
하지만

⭐ 사이트 워드가 쓰인 표현을 큰 소리로 따라 읽어요.

so funny
정말 재미있는

show me
나에게 보여 주다

the only child
유일한 아이 (외동)

small but heavy
작지만 무거운

A 제시된 단어와 같은 단어를 찾아 동그라미 하세요.

so

so	co	se
su	to	so
So	Sa	Go

but

bat	but	boot
bud	bus	but
But	Cut	Bet

only

one	only	olly
only	omly	onely
onli	onlly	only

show

slow	how	show
snow	show	shew
Shuw	Shov	Show

B 단어의 뜻을 고르고, 알맞은 글자를 찾은 후 단어를 쓰세요.

❶ **but**
(그리고 / 하지만)

b d e u o t r

_____

❷ **so**
(정말 / 조금)

z c o s e u o

_____

❸ **show**
(도와주다 / 보여 주다)

s p h e o v w

_____

❹ **only**
(유일한 / 많은)

u o m n l i y

_____

C 다음을 읽고 알맞은 그림을 찾아 연결하세요.

1 **show** me ·

2 the **only** child ·

3 **so** funny ·

4 small **but** heavy ·

D 잘 듣고 빈칸에 알맞은 단어를 써서 문장을 완성하세요.

1

It is _____ pretty.
그것은 정말 예뻐.

2

He is _____ 5.
그는 겨우 다섯 살이야.

3

_____ me your ticket.
당신의 표를 보여 주세요.

4

It is small _____ strong.
그것은 작지만 힘이 세.

only

so

but

show

· ticket 표   strong 힘이 센

76

What is it? Show me.

Ta-da!
It's only a shell.
But it's so pretty.

· **ta-da** 짜잔 **shell** 조개껍데기

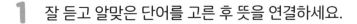

Review 3

학습 날짜 :   월   일

1 잘 듣고 알맞은 단어를 고른 후 뜻을 연결하세요.

① **put** **get** • • 위로, 위에

② **down** **up** • • 만들다

③ **come** **go** • • 놓다, 두다

④ **run** **make** • • 원하다

⑤ **show** **want** • • 오다

⑥ **put** **get** • • 자라다

⑦ **which** **where** • • 받다, 얻다, 잡다

⑧ **grow** **show** • • 떨어진 곳에, 다른 데(로)

⑨ **at** **away** • • 하지만

⑩ **but** **and** • • 어느, 어떤

2 문장을 읽고 알맞은 뜻에 동그라미 하세요.

① **It's on the table.**

그것은 탁자 (위에 / 아래에) 있어.

② **Let's run to the house.**

집까지 (걷자 / 달리자).

③ **It is so pretty.**

그것은 (조금 / 정말) 예뻐.

④ **Let's make a sandwich.**

샌드위치를 (만들자 / 넣자).

⑤ **He is only 5.**

그는 (겨우 / 벌써) 다섯 살이야.

⑥ **Show me your ticket.**

당신의 표를 (보내 / 보여) 주세요.

3 단어의 뜻을 고르고 퍼즐에서 단어를 찾으세요.

① **look**
(보다 / 원하다)

② **down**
(위로 / 아래로)

③ **stop**
(달리다 / 멈추다)

④ **some**
(조금 / 많은)

⑤ **then**
(맨 먼저 / 그다음에)

t	h	a	n	s	t	e	p
h	e	l	d	o	w	n	s
e	a	l	o	n	g	d	o
s	t	o	p	s	a	m	e
o	d	o	v	n	t	l	s
m	o	k	l	w	h	a	t
e	w	s	t	h	e	m	a
l	o	o	b	w	n	o	p

4 잘 듣고 알맞은 단어를 골라 빈칸을 채우세요.

① I _____ this bag.

(like / want)

② _____ it in the bag.

(But / Put)

③ Stand _____.

(up / down)

④ Run _____!

(under / away)

⑤ They will _____ big.

(show / grow)

⑥ I want to _____ a present.

(get / put)

⑦ It is small _____ strong.

(and / but)

⑧ _____ one do you want?

(Which / What)

Week 4

Day 16	have ☐☐☐	read ☐☐☐	again ☐☐☐	into ☐☐☐
Day 17	say ☐☐☐	ask ☐☐☐	better ☐☐☐	together ☐☐☐
Day 18	see ☐☐☐	any ☐☐☐	find ☐☐☐	found ☐☐☐
Day 19	new ☐☐☐	old ☐☐☐	she ☐☐☐	has ☐☐☐
Day 20	these ☐☐☐	those ☐☐☐	made ☐☐☐	who ☐☐☐

* 사이트 워드를 학습한 후 각 단어를 읽고 뜻을 말해 보세요.

학습 날짜 :   월   일

⭐ 사이트 워드를 따라 쓰면서 뜻을 익혀요.

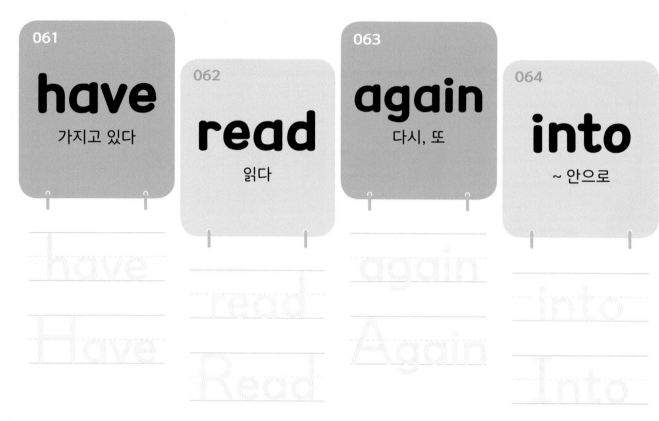

061
have
가지고 있다

have
Have

062
read
읽다

read
Read

063
again
다시, 또

again
Again

064
into
~ 안으로

into
Into

⭐ 사이트 워드가 쓰인 표현을 큰 소리로 따라 읽어요.

have a book
책을 가지고 있다

read a book
책을 읽다

try again
다시 해 보다

into the box
상자 안으로

82

A 제시된 단어와 같은 단어를 찾아 동그라미 하세요.

have

hake	have	hade
heve	hawe	have
Have	Had	Has

into

indo	into	intoo
intro	intu	into
into	imto	onto

read

read	raed	reed
red	read	lead
reab	reap	read

again

gain	again	agaim
again	abain	agein
aguin	agoin	again

B 단어의 뜻을 고르고, 알맞은 글자를 찾은 후 단어를 쓰세요.

❶ read
(읽다 / 가지고 있다)

r a e o a b d

❷ have
(읽다 / 가지고 있다)

b h e a w v e

❸ again
(멀리 / 다시)

a g e a i m n

❹ into
(~ 안으로 / ~ 밖으로)

i m n d t u o

C 다음을 읽고 알맞은 그림을 찾아 연결하세요.

1. **into** the box ·

2. **read** a book ·

3. **have** a book ·

4. try **again** ·

D 잘 듣고 빈칸에 알맞은 단어를 써서 문장을 완성하세요.

보기

1. I _____ a brother.
   나는 형이 있어.

2. Let's _____ it together.
   그것을 같이 읽자.

3. I'm late _____.
   나는 또 늦었어.

4. He went _____ the cave.
   그는 동굴 안으로 들어갔다.

again

into

have

read

· **brother** 남자 형제   **together** 함께, 같이   **late** 늦은   **went** 갔다   **cave** 동굴

84

· book 책   look at ~을 보다

학습 날짜 :   월   일

⭐ 사이트 워드를 따라 쓰면서 뜻을 익혀요.

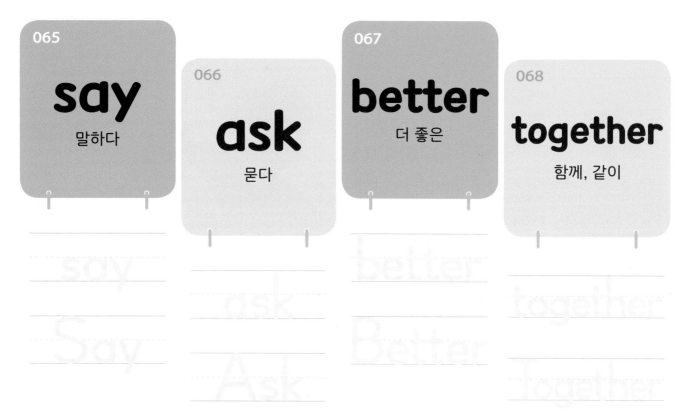

065
say
말하다

066
ask
묻다

067
better
더 좋은

068
together
함께, 같이

⭐ 사이트 워드가 쓰인 표현을 큰 소리로 따라 읽어요.

say sorry
미안하다고 말하다

ask him
그에게 물어보다

a better idea
더 좋은 생각

play together
같이 놀다

A 각 사이트 워드가 몇 개 있는지 찾아 개수를 쓰세요.

ask	suy	**together**	batter	say
better	sey	best	**ask**	togeder	**as**
Say	**beter**	esk	together	ask	sai
soy	asp	**togeher**	better	best	ask
ask	bedder	say	together	asg

✏️ **say** _____   **ask** _____   **better** _____   **together** _____

B 단어의 뜻을 고르고, 알맞은 글자를 찾은 후 단어를 쓰세요.

① **ask**   (말하다 / 묻다)   e a z s h k u   _____

② **better**   (더 좋은 / 더 나쁜)   b e t t a e r   _____

③ **say**   (말하다 / 묻다)   p e s a i y f   _____

④ **together**   (혼자 / 함께)   t o g u e t h e r   _____

C 다음을 읽고 알맞은 그림을 찾아 연결하세요.

① **ask** him •

② a **better** idea •

③ play **together** •

④ **say** sorry •

D 잘 듣고 빈칸에 알맞은 단어를 써서 문장을 완성하세요.

보기

① _____ me anything.
나에게 뭐든 물어봐.

② I feel _____ now.
이제 몸이 더 좋아졌어요(나았어요).

③ Let's make it _____.
그것을 같이 만들자.

④ What did you _____?
너 뭐라고 말했어?

better

ask

together

say

anything 뭐든지　**feel** 느끼다　**now** 지금, 이제

88

"Don't cry," Mom says.
"Let's make it together. I will help you."

"Do you feel better now?" Mom asks.
"Yes. Thank you, mom," I say.

· mom 엄마   thank 고마워하다

⭐ 사이트 워드를 따라 쓰면서 뜻을 익혀요.

069

see
보다, 보이다

070

any
약간의, 조금도

071

find
찾다, 발견하다

072

found
찾았다, 발견했다

⭐ 사이트 워드가 쓰인 표현을 큰 소리로 따라 읽어요.

I see a cow.
젖소가 보인다.

Any food?
음식이 좀 있어?

find my phone
내 핸드폰을 찾다

I found it!
나는 그것을 찾았어!

A 제시된 단어와 같은 단어를 찾아 동그라미 하세요.

see

sea	see	seu
see	seo	saw
sae	sew	see

find

find	fine	found
fain	find	fimd
pind	finb	find

any

amy	ani	any
eny	any	many
Any	Amy	And

found

find	fond	found
fuond	found	pound
bound	foumd	found

B 단어의 뜻을 고르고, 알맞은 글자를 찾은 후 단어를 쓰세요.

❶ **any** (약간의 / 많은)　　a m n u i y x

❷ **find** (보다 / 찾다)　　p f a i n g d

❸ **see** (보다 / 찾다)　　c s o e a e r

❹ **found** (찾다 / 찾았다)　　f o e u n b d

C 다음을 읽고 알맞은 그림을 찾아 연결하세요.

① **find** my phone •

② I **see** a cow. •

③ I **found** it! •

④ **Any** food? •

D 잘 듣고 빈칸에 알맞은 단어를 써서 문장을 완성하세요.

①  I _____ a bird.
나는 새가 보여.

②  Let's _____ some bugs.
벌레들을 좀 찾아보자.

③  I don't have _____ money.
나는 돈이 조금도 없어.

④  He _____ treasure.
그는 보물을 찾았다.

보기

find

any

see

found

bird 새   bug 벌레   money 돈   treasure 보물

92

Do you see any food?
No, I don't see any food.
Let's find some food.

Look! I found some fruit.
Yay!

· **food** 음식　**fruit** 과일　**yay** 야호, 와[기쁠 때 외치는 말]

⭐ 사이트 워드를 따라 쓰면서 뜻을 익혀요.

073
new
새로운

074
old
오래된, 늙은

075
she
그녀는

076
has
가지고 있다

⭐ 사이트 워드가 쓰인 표현을 큰 소리로 따라 읽어요.

new shoes
새 신발

old shoes
오래된 신발

She is my sister.
그녀는 우리 누나야.

She has a cat.
그녀는 고양이가 있어.

she-has-new-old의 순서를 따라 가며 길을 그리세요.

she	has	now	old	she
had	new	old	he	cold
new	olb	she	has	nev
old	he	have	new	old

B 단어의 뜻을 고르고, 알맞은 글자를 찾은 후 단어를 쓰세요.

1 **she**
(그는 / 그녀는)

z s b h o e r

2 **old**
(새로운 / 오래된)

o u e r l d b

3 **new**
(새로운 / 오래된)

m i n o e v w

4 **has**
(만들다 / 가지고 있다)

h e a v z s u

C 다음을 읽고 알맞은 그림을 찾아 연결하세요.

❶ **old** shoes •

❷ She **has** a cat. •

❸ **new** shoes •

❹ **She** is my sister. •

D 잘 듣고 빈칸에 알맞은 단어를 써서 문장을 완성하세요.

❶ _____ is my mom.
그녀는 우리 엄마예요.

❷ My bike is _____.
내 자전거는 낡았어.

❸ She _____ a doll.
그녀는 인형이 있어.

❹ Her bike is _____.
그녀의 자전거는 새 거야.

보기

has

new

she

old

• bike 자전거 doll 인형 her 그녀의

* fun 재미있는　friend 친구

Day 20

⭐ 사이트 워드를 따라 쓰면서 뜻을 익혀요.

077
these
이것들, 이 ~
[여러 개를 가리킬 때]

these
These

078
those
저것들, 저 ~
[여러 개를 가리킬 때]

those
Those

079
made
만들었다

made
Made

080
who
누구

who
Who

⭐ 사이트 워드가 쓰인 표현을 큰 소리로 따라 읽어요.

these balls
이 공들

those balls
저 공들

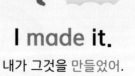

I made it.
내가 그것을 만들었어.

Who is he?
그는 누구야?

A 제시된 단어와 같은 단어를 찾아 동그라미 하세요.

who		
who	whose	when
whu	whoo	who
Why	Who	What

these		
the	those	these
these	this	theze
Those	These	Thise

made		
make	made	mabe
male	mad	made
made	mede	mahe

those		
that	those	these
those	dose	theso
Thoze	These	Those

B 단어의 뜻을 고르고, 알맞은 글자를 찾은 후 단어를 쓰세요.

1. **those** (이것들 / 저것들) t h b e o s e

2. **who** (누구 / 왜) w x h y i e o

3. **made** (만들다 / 만들었다) m e a k d e r

4. **these** (이것들 / 저것들) t h o e s r e

C 다음을 읽고 알맞은 그림을 찾아 연결하세요.

❶ **those** balls   •

❷ **Who** is he?   •

❸ I **made** it.   •

❹ **these** balls   •

D 잘 듣고 빈칸에 알맞은 단어를 써서 문장을 완성하세요.

❶ _____ are they?
저 애들은 누구야?

❷ We _____ a castle.
우리는 성을 만들었어.

❸ Look at _____ clouds!
저 구름들 좀 봐!

❹ I want _____ cookies.
나는 이 쿠키들이 먹고 싶어.

보기

who

these

made

those

· castle 성   cloud 구름   cookie 쿠키

100

Look at that!
Who made **the house?**

I want **these** cookies.
I want **those** candies.

· **candy** 사탕

학습 날짜 :   월   일

1 잘 듣고 알맞은 단어를 고른 후 뜻을 연결하세요.

① see   say   •   • 새로운

② new   old   •   • 보다, 보이다

③ ask   read   •   • ~ 안으로

④ away   into   •   • 말하다

⑤ say   ask   •   • 읽다

⑥ what   who   •   • 가지고 있다

⑦ ask   and   •   • 이것들, 이 ~

⑧ has   made   •   • 누구

⑨ these   those   •   • 더 좋은

⑩ together   better   •   • 묻다

2 문장을 읽고 알맞은 뜻에 동그라미 하세요.

① **She is my mom.**

(그는 / 그녀는) 우리 엄마예요.

② **I have a brother.**

나는 형이 (있어 / 없어).

③ **My bike is old.**

내 자전거는 (새 거야 / 낡았어).

④ **He found treasure.**

그는 보물을 (찾는다 / 찾았다).

⑤ **We made a castle.**

우리는 성을 (만들어 / 만들었어).

⑥ **Look at those clouds!**

(이 / 저) 구름들 좀 봐!

3 단어의 뜻을 고르고 퍼즐에서 단어를 찾으세요.

① **read**

(읽다 / 찾다)

② **again**

(다시 / 약간의)

③ **find**

(만들다 / 찾다)

④ **have**

(보다 / 가지고 있다)

⑤ **together**

(혼자 / 함께)

r	e	e	d	a	g	a	i
e	h	e	v	e	f	g	f
t	o	g	e	t	h	e	r
f	i	m	d	h	a	t	e
i	a	h	f	i	v	o	a
a	g	a	i	n	e	g	d
d	e	v	n	h	a	e	v
t	o	g	d	e	r	t	n

4 잘 듣고 알맞은 단어를 골라 빈칸을 채우세요.

①  _____ are they?

(What / Who)

②  I _____ a bird.

(see / look)

③  Her bike is _____ .

(new / old)

④  I don't have _____ money.

(some / any)

⑤  I feel _____ now.

(good / better)

⑥  She _____ a doll.

(have / has)

⑦  I want _____ cookies.

(these / those)

⑧  He went _____ the cave.

(into / out)

Week 5

Day 21	cut ☐☐☐	the ☐☐☐	open ☐☐☐	was ☐☐☐
Day 22	they ☐☐☐	went ☐☐☐	saw ☐☐☐	were ☐☐☐
Day 23	tell ☐☐☐	be ☐☐☐	how ☐☐☐	never ☐☐☐
Day 24	his ☐☐☐	live ☐☐☐	many ☐☐☐	out ☐☐☐
Day 25	work ☐☐☐	carry ☐☐☐	first ☐☐☐	as ☐☐☐

* 사이트 워드를 학습한 후 각 단어를 읽고 뜻을 말해 보세요.

⭐ 사이트 워드를 따라 쓰면서 뜻을 익혀요.

081
cut
자르다

082
the
그, 이, 저

083
open
열다

084
was
~였다, 있었다

cut
Cut

the
The

open
Open

was
Was

⭐ 사이트 워드가 쓰인 표현을 큰 소리로 따라 읽어요.

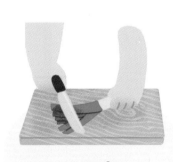

cut it

그것을 자르다

the book

그 책

open the box

상자를 열다

I was hungry.

나는 배가 고팠다.

Ⓐ 제시된 단어와 같은 단어를 찾아 동그라미 하세요.

the		
they	tho	the
tha	the	them
This	That	The

cut		
cut	cat	cup
cud	cot	cut
cut	cuz	cat

was		
was	waz	were
wes	wet	was
were	was	want

open		
ofen	open	often
open	opin	opun
Opan	Opem	Open

Ⓑ 단어의 뜻을 고르고, 알맞은 글자를 찾은 후 단어를 쓰세요.

❶ **the**
(그 / 하나의)

t l h u o e f

❷ **was**
(~이다 / ~였다)

v w e a i z s

❸ **cut**
(자르다 / 놓다)

c k e u d t s

❹ **open**
(열다 / 닫다)

o f p u e n m

C 다음을 읽고 알맞은 그림을 찾아 연결하세요.

❶ **the** book ·

❷ I **was** hungry. ·

❸ **cut** it ·

❹ **open** the box ·

D 잘 듣고 빈칸에 알맞은 단어를 써서 문장을 완성하세요.

❶ Who is _____ man?
저 남자는 누구야?

❷ _____ the window, please.
창문을 좀 열어 주세요.

❸ I _____ so happy.
나는 무척 행복했다.

❹ Let's _____ the cake.
케이크를 자르자.

보기

cut

open

was

the

· **window** 창문 **cake** 케이크

Today was my birthday.

Cut the cake!

I got many presents.

Open the box!

I was so happy.

· today 오늘   birthday 생일   got 받았다   many 많은

학습 날짜 :　　월　　일

★ 사이트 워드를 따라 쓰면서 뜻을 익혀요.

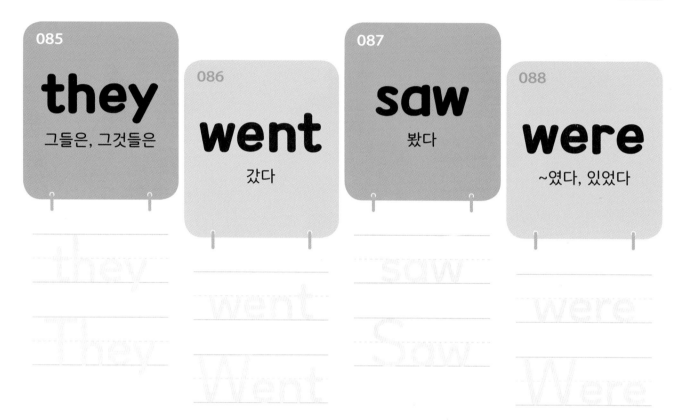

085
they
그들은, 그것들은

086
went
갔다

087
saw
봤다

088
were
~였다, 있었다

they
They

went
Went

saw
Saw

were
Were

★ 사이트 워드가 쓰인 표현을 큰 소리로 따라 읽어요.

They are ants.
그것들은 개미야.

went to school
학교에 갔다

saw a movie
영화를 봤다

We were tired.
우리는 피곤했다.

각 사이트 워드가 몇 개 있는지 찾아 개수를 쓰세요.

wet	they	see	were	saw	them
sea	went	the	thay	was	saw
they	went	sew	were	them	seen
wore	want	saw	where	they	ware
was	they	wear	went	see	want

✏️ **they** _____   **went** _____   **saw** _____   **were** _____

B 단어의 뜻을 고르고, 알맞은 글자를 찾은 후 단어를 쓰세요.

① **saw**
(갔다 / 봤다)
c s e e a u w
_____

② **were**
(~이다 / ~였다)
w a e l r e u
_____

③ **they**
(그들은 / 우리는)
t h o e i y v
_____

④ **went**
(가다 / 갔다)
w u e m n d t
_____

C 다음을 읽고 알맞은 그림을 찾아 연결하세요.

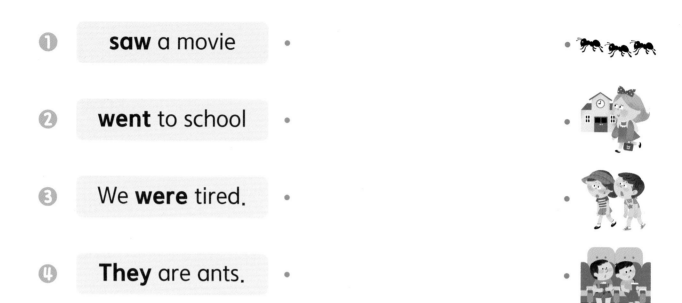

① **saw** a movie ·

② **went** to school ·

③ We **were** tired. ·

④ **They** are ants. ·

D 잘 듣고 빈칸에 알맞은 단어를 써서 문장을 완성하세요.

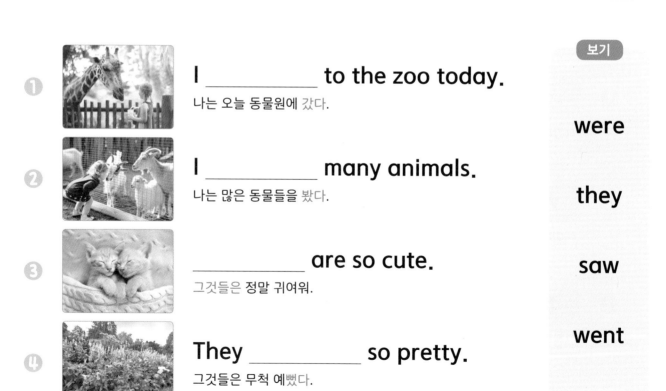

① I _____ to the zoo today.
나는 오늘 동물원에 갔다.

② I _____ many animals.
나는 많은 동물들을 봤다.

③ _____ are so cute.
그것들은 정말 귀여워.

④ They _____ so pretty.
그것들은 무척 예뻤다.

보기

were

they

saw

went

· zoo 동물원 **animal** 동물

112

I went **to the zoo today.**
I saw **many animals.**
They were **so cute.**

I saw **many balloons.**
They were **so pretty.**

· balloon 풍선

학습 날짜 :　　월　　일

⭐ 사이트 워드를 따라 쓰면서 뜻을 익혀요.

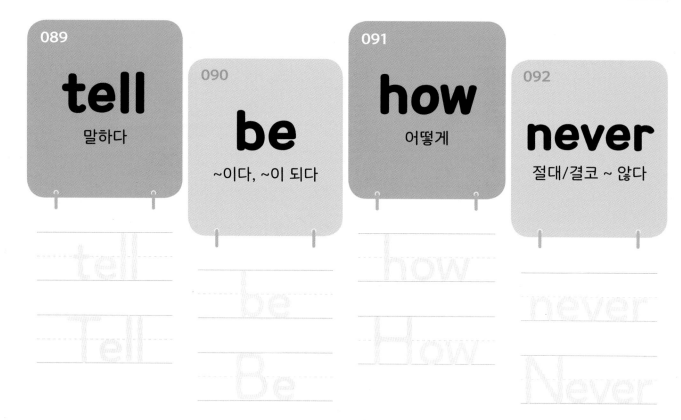

089

tell
말하다

090

be
~이다, ~이 되다

091

how
어떻게

092

never
절대/결코 ~ 않다

tell
Tell

be
Be

how
How

never
Never

⭐ 사이트 워드가 쓰인 표현을 큰 소리로 따라 읽어요.

tell me
나에게 말하다

be a singer
가수가 되다

How are you?
안녕? (넌 어때?)

Never run.
절대 뛰지 마.

A 제시된 단어와 같은 단어를 찾아 동그라미 하세요.

how

how	hew	hope
hov	wow	how
Hog	How	Who

be

bee	by	be
bi	be	bea
Ba	Be	Bye

tell

tel	tell	tall
till	tull	tell
Toll	Tell	Tel

never

ever	never	neber
never	niver	nabor
Nevar	Naver	Never

B 단어의 뜻을 고르고, 알맞은 글자를 찾은 후 단어를 쓰세요.

① **how**
(무엇을 / 어떻게)

s h e o v w b

② **tell**
(말하다 / 노래하다)

t a e k l l u

③ **never**
(항상 / 절대 ~ 않다)

n a e v w e r

④ **be**
(~이다 / 가다)

d a b a e k u

C 다음을 읽고 알맞은 그림을 찾아 연결하세요.

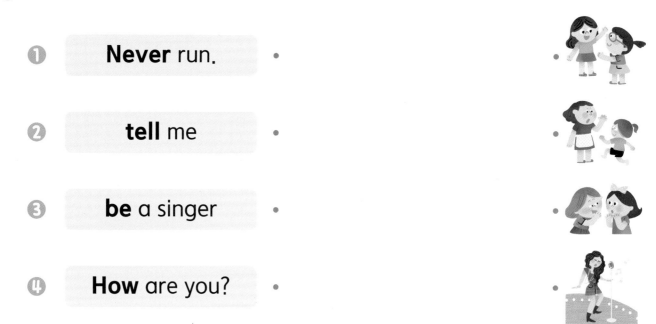

1. **Never** run. •

2. **tell** me •

3. **be** a singer •

4. **How** are you? •

D 잘 듣고 빈칸에 알맞은 단어를 써서 문장을 완성하세요.

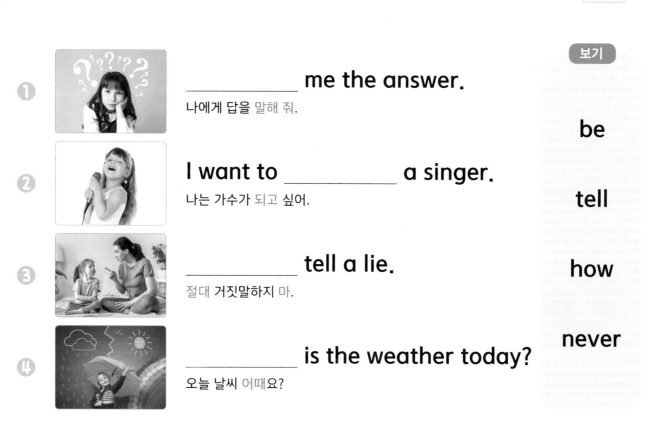

보기

1. _____ me the answer.
   나에게 답을 말해 줘.

2. I want to _____ a singer.
   나는 가수가 되고 싶어.

3. _____ tell a lie.
   절대 거짓말하지 마.

4. _____ is the weather today?
   오늘 날씨 어때요?

be

tell

how

never

· **answer** 답, 대답   **want to** ~하고 싶다   **singer** 가수   **lie** 거짓말   **weather** 날씨

I want to **be** a real child.
Then, **be** a good boy.

How **can I be** a good boy?
Never **tell** a lie.

• **real** 진짜의 **child** 아이

Day 24

⭐ 사이트 워드를 따라 쓰면서 뜻을 익혀요.

093
his
그의

094
live
살다

095
many
많은

096
out
밖에, 밖으로

⭐ 사이트 워드가 쓰인 표현을 큰 소리로 따라 읽어요.

his house
그의 집

live in Korea
한국에 살다

many books
많은 책들

go out
밖으로 나가다

A out-his-live-many의 순서를 따라 가며 길을 그리세요.

out	has	oat	him	leave
his	libe	many	out	his
live	meny	live	mani	live
many	out	his	life	many

B 단어의 뜻을 고르고, 알맞은 글자를 찾은 후 단어를 쓰세요.

❶ **live**
(살다 / 자라다)

r l a i v w e

❷ **his**
(그의 / 그녀의)

h e r i z s u

❸ **many**
(약간의 / 많은)

m e a n i y k

❹ **out**
(안으로 / 밖으로)

i o n e u d t

C 다음을 읽고 알맞은 그림을 찾아 연결하세요.

❶ go **out** ·

❷ **his** house ·

❸ **many** books ·

❹ **live** in Korea ·

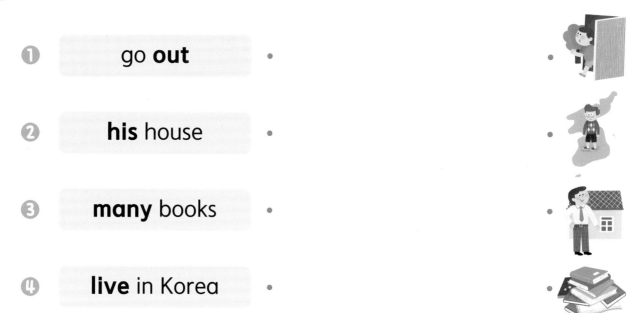

D 잘 듣고 빈칸에 알맞은 단어를 써서 문장을 완성하세요.

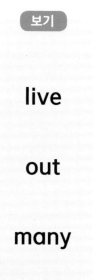

❶ I am _____ dad.
나는 그의 아빠예요.

❷ I want to _____ here.
나는 여기에 살고 싶어요.

❸ Let's eat _____ tonight.
오늘밤에 밖에서 먹자(외식하자).

❹ There are so _____ cars.
아주 많은 차들이 있다.

보기

live

out

many

his

· **dad** 아빠 **eat** 먹다 **tonight** 오늘밤 **There are** ~이 있다 **car** 자동차

120

His house is big!
I want to live here.
Let's go out.

Oh, no! There are so many cars!
I don't want to live here.

Day 25

⭐ 사이트 워드를 따라 쓰면서 뜻을 익혀요.

097

work
일하다

098

carry
들고 있다, 나르다

099

first
첫 번째의, 맨 먼저

100

as
~처럼, ~만큼

⭐ 사이트 워드가 쓰인 표현을 큰 소리로 따라 읽어요.

work hard
열심히 일하다

carry a bag
가방을 들고 있다

the first snow
첫눈

as cold as ice
얼음처럼 차가운

제시된 단어와 같은 단어를 찾아 동그라미 하세요.

first

fast	ferst	first
fist	first	firsd
First	Furst	Farst

work

work	werk	worh
walk	work	worm
word	wurk	work

as

as	at	an
az	es	as
As	Is	An

carry

cerry	cary	carry
carry	cally	catty
curry	carry	carri

B 단어의 뜻을 고르고, 알맞은 글자를 찾은 후 단어를 쓰세요.

❶ **as**
(~처럼 / ~보다)

e u a z s x c

❷ **carry**
(일하다 / 들고 있다)

c a r i r y u

❸ **work**
(일하다 / 들고 있다)

v w o r q k e

❹ **first**
(첫 번째의 / 두 번째의)

p f i e r s t

C 다음을 읽고 알맞은 그림을 찾아 연결하세요.

① **carry** a bag ·

② the **first** snow ·

③ **work** hard ·

④ **as** cold **as** ice ·

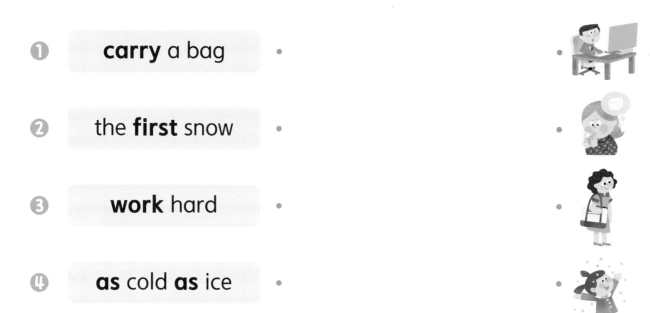

D 잘 듣고 빈칸에 알맞은 단어를 써서 문장을 완성하세요.

① Jane came _____.
제인이 맨 먼저 왔다.

② We _____ on a farm.
우리는 농장에서 일해요.

③ Help me _____ the bags.
내가 봉투 나르는 것 좀 도와줘.

④ It's _____ sweet _____ honey.
이것은 꿀처럼 달아요.

보기

as

first

work

carry

farm 농장　sweet 달콤한　honey 꿀

124

We work on a farm.
First we pick berries.
Then we carry them.

Mmm! They are as sweet as honey.

· pick 따다   berry 베리[딸기류의 열매]   them 그것들을

학습 날짜 :   월   일

1 잘 듣고 알맞은 단어를 고른 후 뜻을 연결하세요.

① how show •   • 그, 이, 저

② that the •   • ~이다, ~이 되다

③ is be •   • 어떻게

④ many some •   • 첫 번째의, 맨 먼저

⑤ then first •   • 많은

⑥ as at •   • 갔다

⑦ want went •   • 봤다

⑧ saw see •   • ~였다, 있었다

⑨ just never •   • ~처럼, ~만큼

⑩ are were •   • 절대/결코 ~ 않다

2 문장을 읽고 알맞은 뜻에 동그라미 하세요.

① **I am his dad.**

나는 (그의 / 그녀의) 아빠예요.

② **Tell me the answer.**

나에게 답을 (말해 줘 / 보여 줘).

③ **I was so happy.**

나는 무척 (행복하다 / 행복했다).

④ **Let's cut the cake.**

케이크를 (자르자 / 만들자).

⑤ **They are so cute.**

(우리는 / 그들은) 정말 귀여워.

⑥ **Open the window, please.**

창문을 좀 (열어 / 닫아) 주세요.

3 단어의 뜻을 고르고 퍼즐에서 단어를 찾으세요.

① **live**

(살다 / 열다)

② **work**

(걷다 / 일하다)

③ **out**

(안으로 / 밖으로)

④ **carry**

(만들다 / 들고 있다)

⑤ **tell**

(말하다 / 듣다)

t	a	l	l	w	o	r	k
e	r	u	i	o	u	d	w
l	t	o	l	l	t	w	c
c	a	r	y	k	o	u	a
t	e	l	l	i	b	e	r
o	u	r	i	v	e	w	r
u	m	o	v	t	a	l	y
w	b	k	e	w	o	k	e

4 잘 듣고 알맞은 단어를 골라 빈칸을 채우세요.

①
           is the weather today?
        (How / Who)

②
There are so   cars.
        (many / some)

③
I want to   a singer.
       (am / be)

④
I   many animals.
   (see / saw)

⑤
They   so pretty.
    (were / went)

⑥
I   to the zoo today.
   (go / went)

⑦
Jane came   .
      (first / then)

⑧
       tell a lie.
 (Don't / Never)

Week 6

Day 26	play ☐☐☐	with ☐☐☐	walk ☐☐☐	don't ☐☐☐
Day 27	our ☐☐☐	their ☐☐☐	little ☐☐☐	no ☐☐☐
Day 28	do ☐☐☐	every ☐☐☐	after ☐☐☐	from ☐☐☐
Day 29	call ☐☐☐	him ☐☐☐	why ☐☐☐	came ☐☐☐
Day 30	know ☐☐☐	her ☐☐☐	must ☐☐☐	before ☐☐☐

* 사이트 워드를 학습한 후 각 단어를 읽고 뜻을 말해 보세요.

학습 날짜 :   월   일

★ 사이트 워드를 따라 쓰면서 뜻을 익혀요.

101
play
놀다

play
Play

102
with
~와 함께

with
With

103
walk
걷다

walk
Walk

104
don't
~하지 않다

don't
Don't

★ 사이트 워드가 쓰인 표현을 큰 소리로 따라 읽어요.

play ball
공놀이를 하다

sing with me
나와 함께 노래하다

walk slowly
천천히 걷다

Don't go.
가지 마.

A 제시된 단어와 같은 단어를 찾아 동그라미 하세요.

with		
with	wit	witch
wish	with	what
widh	wich	with

play		
pley	play	ploy
pray	plad	play
pluy	play	plei

walk		
work	walk	wark
walk	wake	woke
word	work	walk

don't		
dot	don't	den't
dont	doesn't	don't
donut	don't	didn't

B 단어의 뜻을 고르고, 알맞은 글자를 찾은 후 단어를 쓰세요.

① **play**
(놀다 / 걷다)

f p r l a y z

② **walk**
(걷다 / 달리다)

w e a o r l k

③ **with**
(~로 / ~와 함께)

v w i d t h e

④ **don't**
(~하다 / ~하지 않다)

d o e s n' p t

C 다음을 읽고 알맞은 그림을 찾아 연결하세요.

① **walk** slowly   •

② **play** ball   •

③ **Don't** go.   •

④ sing **with** me   •

D 잘 듣고 빈칸에 알맞은 단어를 써서 문장을 완성하세요.

① _____ with me, Dad.
나와 같이 놀아요, 아빠.

② Let's _____ home.
집에 걸어가자.

③ I _____ like milk.
나는 우유를 안 좋아해.

④ I live _____ my parents.
나는 부모님과 함께 살아요.

보기

with

play

don't

walk

· milk 우유   parents 부모님

132

I want to play with him.
Don't run. Walk!

Play with me!
Don't run. Walk with me, Mina!

⭐ 사이트 워드를 따라 쓰면서 뜻을 익혀요.

105
our
우리의

106
their
그들의

107
little
작은

108
no
아니, 안 돼

⭐ 사이트 워드가 쓰인 표현을 큰 소리로 따라 읽어요.

our balls
우리의 공들

their balls
그들의 공들

a little bird
작은 새

No, I don't like it.
아니, 난 그것을 안 좋아해.

각 사이트 워드가 몇 개 있는지 찾아 개수를 쓰세요.

no	there	**litter**	our	now	their
out	**mo**	our	their	own	no	**little**
there	our	not	little	**they**	na
theur	litle	**hour**	oer	little	there
their	our	little	oul	no	liddle

✏️ **no** _____   **our** _____   **their** _____   **little** _____

단어의 뜻을 고르고, 알맞은 글자를 찾은 후 단어를 쓰세요.

❶ **little**
(작은 / 큰)
l i t d t l e _____

❷ **our**
(우리의 / 그들의)
h o e u c r i _____

❸ **no**
(응 / 아니)
m a n u o i p _____

❹ **their**
(우리의 / 그들의)
t h a e i l r _____

C 다음을 읽고 알맞은 그림을 찾아 연결하세요.

① a **little** bird   •

② **their** balls   •

③ **No**, I don't like it.   •

④ **our** balls   •

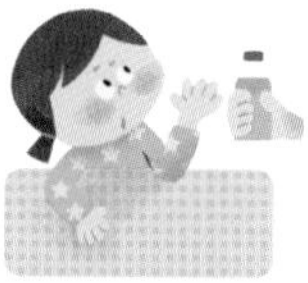

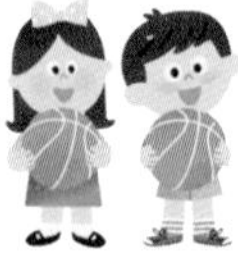

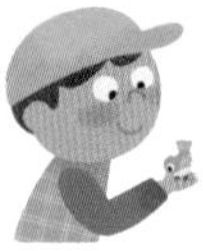

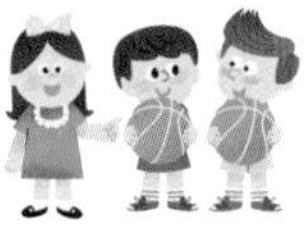

D 잘 듣고 빈칸에 알맞은 단어를 써서 문장을 완성하세요.

① 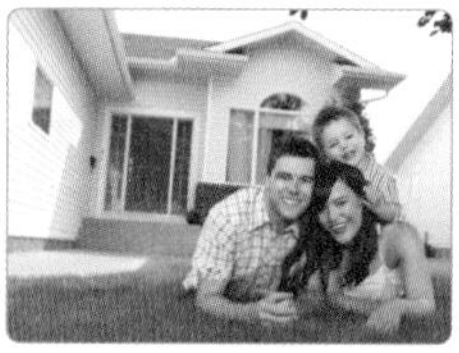 This is _____ house.
이건 우리의 집이에요.

② 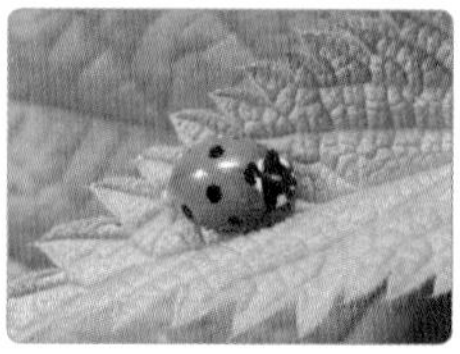 Look at the _____ bug.
저 작은 벌레 좀 봐.

③ 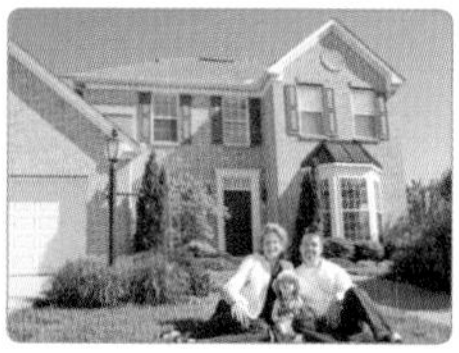 _____ house is big.
그들의 집은 커요.

④ 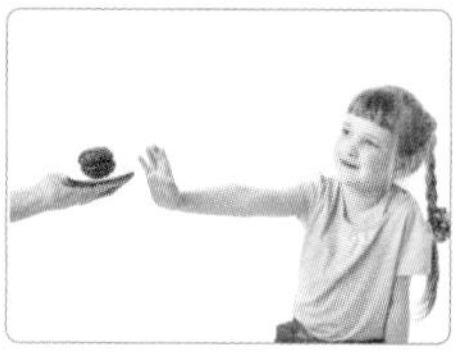 _____, I don't want it.
아니, 난 그것을 원하지 않아.

Is that your house?
No, it's their house.

This is our house.
Your house is little. But it's so nice.

· nice 좋은

Day 28

⭐ 사이트 워드를 따라 쓰면서 뜻을 익혀요.

109

do
하다

110

every
모든

111

after
~ 후에

112

from
~(에서)부터

⭐ 사이트 워드가 쓰인 표현을 큰 소리로 따라 읽어요.

do homework
숙제를 하다

every day
매일

after lunch
점심 식사 후에

from Korea
한국에서부터

A 제시된 단어와 같은 단어를 찾아 동그라미 하세요.

do		
to	du	do
did	do	de
Do	Does	Did

every		
every	evary	avery
ebery	every	eviry
Ever	Every	Evary

after		
aftir	apter	after
aftor	after	aftar
After	Apter	Apart

from		
prom	from	frem
fram	fron	from
frum	from	frame

B 단어의 뜻을 고르고, 알맞은 글자를 찾은 후 단어를 쓰세요.

① **from**
(~부터 / ~까지)

p f r e o m n

② **do**
(하다 / 했다)

b e d u o s u

③ **every**
(하나의 / 모든)

e a v e r i y

④ **after**
(~ 전에 / ~ 후에)

a p f t i e r

C 다음을 읽고 알맞은 그림을 찾아 연결하세요.

① **after** lunch •

② **from** Korea •

③ **do** homework •

④ **every** day •

D 잘 듣고 빈칸에 알맞은 단어를 써서 문장을 완성하세요.

보기

①  I play soccer _____ school.
나는 방과 후에 축구를 한다.

② I play the piano _____ day.
나는 매일 피아노를 친다.

do

③ I _____ my homework at 4.
나는 4시에 숙제를 한다.

from

after

④  He sleeps _____ 9 to 7.
그는 9시부터 7시까지 잔다.

every

I am busy after school.
I play soccer every day.

I play the piano from 5 to 6.

I do my homework after dinner.

· busy 바쁜   dinner 저녁 식사

학습 날짜 :　　　월　　　일

★ 사이트 워드를 따라 쓰면서 뜻을 익혀요.

113

call
부르다, 전화하다

114

him
그를, 그에게

115

why
왜

116

came
왔다

★ 사이트 워드가 쓰인 표현을 큰 소리로 따라 읽어요.

call me
나에게 전화하다

tell him
그에게 말하다

Why are you crying?
넌 왜 울고 있어?

came home
집에 왔다

A why-call-him-came의 순서를 따라 가며 길을 그리세요.

why	call	ham	who	coll
came	him	come	his	come
why	coll	who	call	him
call	him	came	why	came

B 단어의 뜻을 고르고, 알맞은 글자를 찾은 후 단어를 쓰세요.

❶ **why**
(언제 / 왜)

w h e n i y t

❷ **him**
(그를 / 그녀를)

d h e r i n m

❸ **call**
(말하다 / 부르다)

c o u a l d l

❹ **came**
(오다 / 왔다)

c u a n m r e

C 다음을 읽고 알맞은 그림을 찾아 연결하세요.

1 **call** me ·

2 **came** home ·

3 tell **him** ·

4 **Why** are you crying? ·

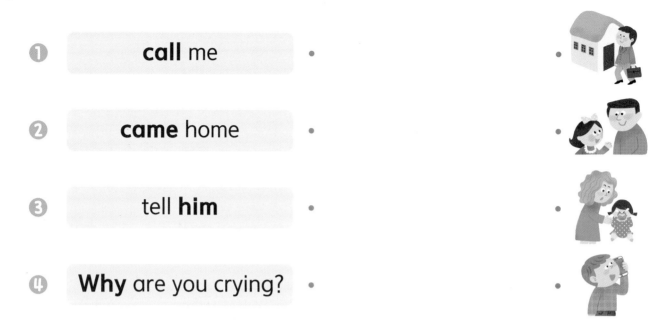

D 잘 듣고 빈칸에 알맞은 단어를 써서 문장을 완성하세요.

1 I will ask _____.
내가 그에게 물어볼게.

2 _____ are you late?
너는 왜 늦었어?

3 _____ me Emily.
나를 에밀리라고 불러 줘.

4 The bus _____ late.
버스가 늦게 왔다.

보기

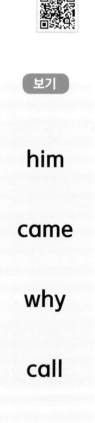

him

came

why

call

· bus 버스

144

· surprise 놀라운 일, 놀라게 하다

학습 날짜 :   월   일

⭐ 사이트 워드를 따라 쓰면서 뜻을 익혀요.

117

know
알다

```
know
Know
```

118

her

그녀를, 그녀에게,
그녀의

```
her
Her
```

119

must
~해야 하다

```
must
Must
```

120

before
~ 전에

```
before
Before
```

⭐ 사이트 워드가 쓰인 표현을 큰 소리로 따라 읽어요.

know the answer
정답을 알다

love her
그녀를 사랑하다

must stop
멈춰야 한다

before 10
10시 전에

제시된 단어와 같은 단어를 찾아 동그라미 하세요.

her

hur	her	hear
hen	hell	her
Her	His	Hey

must

most	musd	must
must	mast	may
mest	muzt	must

know

knov	know	kmow
know	knew	kneu
now	know	knuw

before

before	befour	bepore
befow	before	befero
bifore	befure	before

B 단어의 뜻을 고르고, 알맞은 글자를 찾은 후 단어를 쓰세요.

① **must**
(원하다 / ~해야 하다)

m e u s z d t

② **her**
(그를 / 그녀를)

h i m e o r u

③ **before**
(~ 전에 / ~ 후에)

b e p f o r e

④ **know**
(알다 / 모르다)

k m n e o w v

C 다음을 읽고 알맞은 그림을 찾아 연결하세요.

① **before** 10 •

② love **her** •

③ **must** stop •

④ **know** the answer •

D 잘 듣고 빈칸에 알맞은 단어를 써서 문장을 완성하세요.

① Do you _____ her?
너는 그녀를 알아?

② I don't like _____.
나는 그녀를 안 좋아해.

③ I _____ go home now.
나는 지금 집에 가야 해.

④ Come back _____ dinner.
저녁 먹기 전에 돌아와.

보기

her

before

know

must

• **come back** 돌아오다

148

I must **go home** before 12.
Wait!

Do you know her?
I don't know her **name.**
I'm so sad.

• **wait** 기다리다 **name** 이름 **sad** 슬픈

학습 날짜 :   월   일

1 잘 듣고 알맞은 단어를 고른 후 뜻을 연결하세요.

① call came •   • 부르다, 전화하다

② him her •   • 알다

③ know now •   • ~ 후에

④ do no •   • 그녀를, 그녀에게, 그녀의

⑤ after before •   • 하다

⑥ who why •   • 아니, 안 돼

⑦ came come •   • 왜

⑧ to no •   • ~ 전에

⑨ its their •   • 왔다

⑩ be before •   • 그들의

2 문장을 읽고 알맞은 뜻에 동그라미 하세요.

① **I will ask him.**

내가 (그에게 / 그녀에게) 물어볼게.

② **Let's walk home.**

집에 (걸어가자 / 뛰어가자).

③ **This is our house.**

이건 (우리의 / 그들의) 집이에요.

④ **Play with me, Dad.**

나와 같이 (노래해요 / 놀아요), 아빠.

⑤ **I don't like milk.**

나는 우유를 (좋아해 / 안 좋아해).

⑥ **Look at the little bug.**

저 (작은 / 큰) 벌레 좀 봐.

3 단어의 뜻을 고르고 퍼즐에서 단어를 찾으세요.

① **every**
(많은 / 모든)

② **from**
(~부터 / ~까지)

③ **with**
(~ 안으로 / ~와 함께)

④ **before**
(~ 전에 / ~ 후에)

⑤ **must**
(~할 수 있다 / ~해야 하다)

m	i	s	t	u	b	e	e
f	e	v	e	r	e	w	v
b	w	i	f	r	p	i	a
e	v	e	r	y	o	t	r
f	r	o	o	m	r	h	m
o	e	w	m	e	s	t	u
r	w	i	c	h	m	u	s
e	i	b	e	f	o	r	t

4 잘 듣고 알맞은 단어를 골라 빈칸을 채우세요.

①

Do you   her?

(know / like)

②

**   are you late?**

(Who / Why)

③

I don't like   .

(her / him)

④

**   me Emily.**

(Call / Tell)

⑤

**   house is big.**

(Our / Their)

⑥

The bus   late.

(come / came)

⑦

**   , I don't want it.**

(Yes / No)

⑧

I play soccer   school.

(before / after)

Week 7

Day 31	for ☐☐☐	write ☐☐☐	use ☐☐☐	when ☐☐☐
Day 32	eat ☐☐☐	much ☐☐☐	always ☐☐☐	more ☐☐☐
Day 33	very ☐☐☐	now ☐☐☐	keep ☐☐☐	got ☐☐☐
Day 34	sit ☐☐☐	by ☐☐☐	there ☐☐☐	does ☐☐☐
Day 35	best ☐☐☐	give ☐☐☐	kind ☐☐☐	us ☐☐☐

* 사이트 워드를 학습한 후 각 단어를 읽고 뜻을 말해 보세요.

⭐ 사이트 워드를 따라 쓰면서 뜻을 익혀요.

121
for
~을 위해

for
For

122
write
쓰다

write
Write

123
use
사용하다

use
Use

124
when
언제

when
When

⭐ 사이트 워드가 쓰인 표현을 큰 소리로 따라 읽어요.

for mom
엄마를 위해

write a letter
편지를 쓰다

use a computer
컴퓨터를 사용하다

When is your birthday?
네 생일은 언제야?

제시된 단어와 같은 단어를 찾아 동그라미 하세요.

for

or	far	for
fog	for	fer
fur	por	for

write

write	right	wrote
wright	wrait	write
witte	write	wrate

use

use	uze	uso
user	use	ufo
usa	us	use

when

what	when	where
who	whan	when
When	What	Whem

B 단어의 뜻을 고르고, 알맞은 글자를 찾은 후 단어를 쓰세요.

① **use**
(보다 / 사용하다)
u k n s z e o

② **for**
(~을 위해 / ~와 함께)
b p f u o r s

③ **write**
(읽다 / 쓰다)
w x r a i t e

④ **when**
(언제 / 어디에)
w b h a e t n

C 다음을 읽고 알맞은 그림을 찾아 연결하세요.

① **for** mom ·

② **When** is your birthday? ·

③ **write** a letter ·

④ **use** a computer ·

D 잘 듣고 빈칸에 알맞은 단어를 써서 문장을 완성하세요.

① He can _____ in English.
그는 영어로 쓸 수 있다.

② This is _____ you.
이것은 너를 위한 거야. (이것 받아.)

③ _____ do you get up?
너는 언제 일어나?

④ You can _____ my phone.
너는 내 핸드폰을 써도 돼.

보기

write

when

use

for

· English 영어   get up 일어나다   phone 전화기

Hi, everyone!
I write books for children.

When do you write?

I write in the evening.
When I write a book, I use my computer.

· everyone 모든 사람, 여러분   children 아이들   evening 저녁   computer 컴퓨터

학습 날짜 :　　　월　　　일

★ 사이트 워드를 따라 쓰면서 뜻을 익혀요.

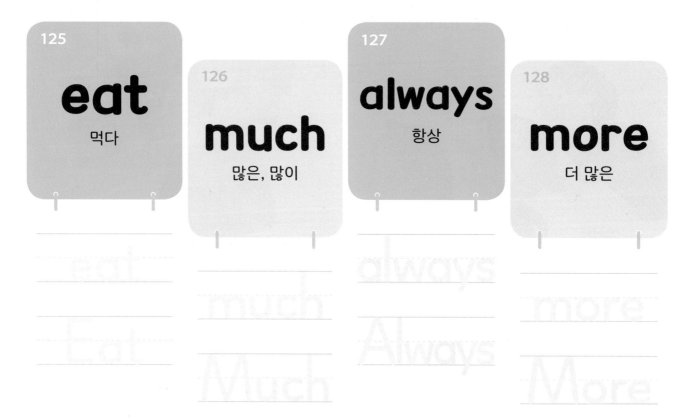

125

eat
먹다

126

much
많은, 많이

127

always
항상

128

more
더 많은

★ 사이트 워드가 쓰인 표현을 큰 소리로 따라 읽어요.

eat dinner

저녁을 먹다

much snow

많은 눈

always clean

항상 깨끗한

more juice

더 많은 주스

A 각 사이트 워드가 몇 개 있는지 찾아 개수를 쓰세요.

much	ate	**mole**	eat	always	many
eet	**mole**	aet	eaten	more	**allways**
more	alwaiys	eat	much	always	aet
munch	eat	**alweys**	mush	more	ate
eat	mach	more	alright	**ete**	mare

✏️ eat _____   more _____   much _____   always _____

B 단어의 뜻을 고르고, 알맞은 글자를 찾은 후 단어를 쓰세요.

① **eat**
(먹다 / 마시다)

n e u a i t d

_____

② **much**
(많은 / 더 많은)

m o u s c h k

_____

③ **always**
(항상 / 가끔)

a l w e a y s

_____

④ **more**
(많은 / 더 많은)

n m o e i r e

_____

C 다음을 읽고 알맞은 그림을 찾아 연결하세요.

1. **much** snow •

2. **eat** dinner •

3. **always** clean •

4. **more** juice •

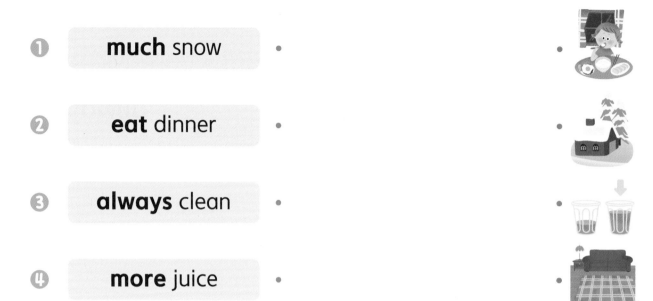

D 잘 듣고 빈칸에 알맞은 단어를 써서 문장을 완성하세요.

1. Let's _____ some chicken.
치킨을 먹자.

2. Don't eat too _____.
너무 많이 먹지 마.

3. Can I eat _____ pizza?
저 피자 더 먹어도 돼요?

4. She is _____ kind.
그녀는 항상 친절해.

보기

always

more

much

eat

· **chicken** 치킨   **Can I ~?** 내가 ~해도 돼요?   **kind** 친절한

160

Mom, can I eat more chicken?
Mom, can I eat more pizza?

Now I'm too full.
Not again! You always eat too much.

· full 배부른   Not again! 또야!

학습 날짜 :   월   일

★ 사이트 워드를 따라 쓰면서 뜻을 익혀요.

129
very
매우, 아주

130
now
지금, 이제

131
keep
유지하다, 기르다

132
got
받았다, 생겼다

very
Very

now
Now

keep
Keep

got
Got

★ 사이트 워드가 쓰인 표현을 큰 소리로 따라 읽어요.

very big
아주 큰

Do it now.
지금 그것을 해.

keep a dog
개를 기르다

got a letter
편지를 받았다

제시된 단어와 같은 단어를 찾아 동그라미 하세요.

now

new	now	no
now	naw	know
not	new	now

very

vary	very	bery
vury	veri	very
very	vary	vest

keep

keep	kip	keap
koop	keeb	keep
kept	keep	ceep

got

get	gut	got
god	got	git
got	gat	goat

 단어의 뜻을 고르고, 알맞은 글자를 찾은 후 단어를 쓰세요.

① **very**
(약간의 / 아주)
b v e a r i y

② **keep**
(바꾸다 / 유지하다)
k e i e q p u

③ **now**
(지금 / 그때)
n e o v w x e

④ **got**
(받다 / 받았다)
p b g e o t f

C 다음을 읽고 알맞은 그림을 찾아 연결하세요.

❶ **keep** a dog   •

❷ **very** big   •

❸ **got** a letter   •

❹ Do it **now**.   •

D 잘 듣고 빈칸에 알맞은 단어를 써서 문장을 완성하세요.

❶ It's _____ tall.
그것은 아주 높아요.

❷ What time is it _____?
지금 몇 시예요?

❸ Can I _____ this dog?
제가 이 개를 길러도 돼요?

❹ You _____ a new bat!
너 새 야구 방망이가 생겼구나!

보기

got

now

keep

very

· **tall** 키가 큰, 높은 **what time** 몇 시 **dog** 개 **bat** 야구 방망이

· well 글쎄

학습 날짜 :   월   일

⭐ 사이트 워드를 따라 쓰면서 뜻을 익혀요.

133

sit
앉다

134

by
~ 옆에

135

there
거기에, 저기에

136

does
하다

⭐ 사이트 워드가 쓰인 표현을 큰 소리로 따라 읽어요.

sit down
(아래로) 앉다

by the window
창문 옆에 (창가에)

go there
거기에 가다

She does her homework.
그녀는 숙제를 한다.

A by-sit-does-there의 순서를 따라 가며 길을 그리세요.

by	sit	does	there	by
sat	do	their	does	sit
does	sat	by	there	do
sit	bye	sit	dose	there

B 단어의 뜻을 고르고, 알맞은 글자를 찾은 후 단어를 쓰세요.

❶ **does**
(하다 / 먹다)

b d o u e z s

❷ **sit**
(서다 / 앉다)

s a i z d t r

❸ **by**
(~ 옆에 / ~ 아래에)

v u b a i y f

❹ **there**
(여기에 / 거기에)

t u h e i r e

C 다음을 읽고 알맞은 그림을 찾아 연결하세요.

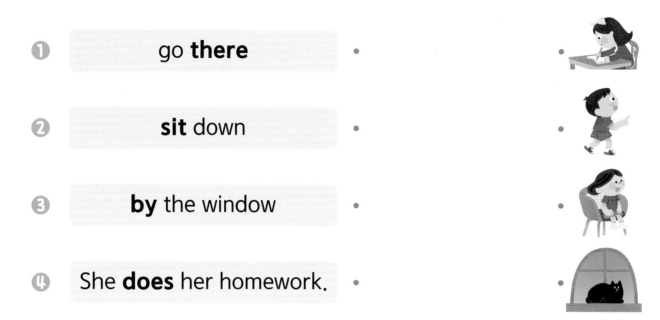

① go **there** ·

② **sit** down ·

③ **by** the window ·

④ She **does** her homework. ·

D 잘 듣고 빈칸에 알맞은 단어를 써서 문장을 완성하세요.

보기

① Sit _____ me.
내 옆에 앉아.

② I know the man over _____.
나는 저기에 있는 남자를 알아.

③ Come and _____ here.
와서 여기 앉아.

④ She _____ the dishes.
그녀는 설거지를 해요.

by

sit

there

does

· **over there** 저쪽에 **do/does the dishes** 설거지하다

168

Tom, I'm here.
Come and sit by me.

Arf! Arf!

Does he want my sandwich?
No. He wants that bone over there.

· arf 멍멍[개 짖는 소리] bone 뼈

⭐ 사이트 워드를 따라 쓰면서 뜻을 익혀요.

137
best
최고의, 제일 좋은

138
give
주다

139
kind
친절한

140
us
우리를, 우리에게

best
Best

give
Give

kind
Kind

us
Us

⭐ 사이트 워드가 쓰인 표현을 큰 소리로 따라 읽어요.

best friend
가장 좋은(친한) 친구

give a present
선물을 주다

a kind man
친절한 남자

tell us a story
우리에게 이야기를
들려 주다

170

제시된 단어와 같은 단어를 찾아 동그라미 하세요.

	us	
un	us	use
uz	as	us
ut	us	os

	best	
bet	beast	best
bast	best	vest
beat	bust	best

	give	
gibe	give	gave
gift	girl	give
give	giva	geve

	kind	
kind	kint	kand
king	kimd	kind
kinf	kind	kend

B 단어의 뜻을 고르고, 알맞은 글자를 찾은 후 단어를 쓰세요.

❶ **give**
(주다 / 받다)
b g a i v u e

❷ **us**
(우리를 / 그들을)
o x u n z s p

❸ **kind**
(친절한 / 최고의)
k a i n m b d

❹ **best**
(친절한 / 최고의)
b a e s z t o

C 다음을 읽고 알맞은 그림을 찾아 연결하세요.

① a **kind** man ·

② **give** a present ·

③ tell **us** a story ·

④ **best** friend ·

·
·
·
·

D 잘 듣고 빈칸에 알맞은 단어를 써서 문장을 완성하세요.

① You are so _____.
너는 정말 친절하구나.

② I'll _____ you this flower.
너에게 이 꽃을 줄게.

③ Mom made _____ cookies.
엄마는 우리에게 쿠키를 만들어 주셨다.

④ You are the _____.
네가 최고야.

us

best

give

kind

· flower 꽃

172

Mom made us cookies.
She is the best!

Mom! I'll give you this flower.
Oh! You are so kind!

학습 날짜 :   월   일

1 잘 듣고 알맞은 단어를 고른 후 뜻을 연결하세요.

① to for •

• 매우, 아주

② we us •

• 우리를, 우리에게

③ best better •

• ~을 위해

④ very by •

• 더 많은

⑤ much more •

• 최고의, 제일 좋은

⑥ does do •

• 주다

⑦ get got •

• 하다

⑧ give eat •

• 받았다, 생겼다

⑨ when what •

• 거기에, 저기에

⑩ here there •

• 언제

2 문장을 읽고 알맞은 뜻에 동그라미 하세요.

① **Sit by me.**

내 (옆에 / 앞에) 앉아.

② **He can write in English.**

그는 영어로 (말할 / 쓸) 수 있다.

③ **Let's eat some chicken.**

치킨을 (먹자 / 요리하자).

④ **You can use my phone.**

너는 내 핸드폰을 (써도 / 빌려도) 돼.

⑤ **Mom made us cookies.**

엄마는 (그들에게 / 우리에게) 쿠키를 만들어 주셨다.

⑥ **Come and sit here.**

와서 여기 (앉아 / 누워).

3 단어의 뜻을 고르고 퍼즐에서 단어를 찾으세요.

① **now**

(지금 / 그때)

② **keep**

(주다 / 기르다)

③ **much**

(약간의 / 많은)

④ **always**

(항상 / 절대 ~ 않다)

⑤ **kind**

(친절한 / 최고의)

a	n	e	w	k	i	n	a
k	e	e	f	e	n	o	w
a	l	w	a	y	s	k	a
m	u	k	e	e	p	e	y
u	k	i	m	d	m	a	s
s	i	n	u	k	i	p	a
h	n	d	m	u	c	h	y
k	a	l	w	e	y	s	c

4 잘 듣고 알맞은 단어를 골라 빈칸을 채우세요.

① This is _____ you.

(for / to)

② You are the _____ .

(better / best)

③ It's _____ tall.

(very / so)

④ _____ do you get up?

(When / Where)

⑤ You _____ a new bat!

(get / got)

⑥ She _____ the dishes.

(do / does)

⑦ Can I eat _____ pizza?

(more / much)

⑧ I know the man over _____ .

(here / there)

Week 8

Day 36	to ☐☐☐	take ☐☐☐	them ☐☐☐	soon ☐☐☐
Day 37	did ☐☐☐	had ☐☐☐	light ☐☐☐	well ☐☐☐
Day 38	if ☐☐☐	let ☐☐☐	hurt ☐☐☐	please ☐☐☐
Day 39	all ☐☐☐	of ☐☐☐	one ☐☐☐	yes ☐☐☐
Day 40	two ☐☐☐	or ☐☐☐	think ☐☐☐	about ☐☐☐

* 사이트 워드를 학습한 후 각 단어를 읽고 뜻을 말해 보세요.

학습 날짜 :   월   일

★ 사이트 워드를 따라 쓰면서 뜻을 익혀요.

141
to
~로, ~에게

142
take
가지고 가다,
데리고 가다

143
them
그들을, 그들에게
그것들을, 그것들에게

144
soon
곧, 빨리

to
To

take
Take

them
Them

soon
Soon

★ 사이트 워드가 쓰인 표현을 큰 소리로 따라 읽어요.

go to school
학교로 가다

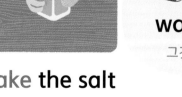

take the salt
소금을 가져가다

want them
그것들을 원하다

See you soon.
곧 보자.

A 제시된 단어와 같은 단어를 찾아 동그라미 하세요.

to		
tu	to	top
too	do	to
To	Two	Too

take		
take	teke	tage
tabe	take	taken
teik	taqe	take

soon		
seon	soom	soon
sean	soon	soen
Seen	Soon	Same

them		
they	then	them
them	that	ther
thum	them	these

B 단어의 뜻을 고르고, 알맞은 글자를 찾은 후 단어를 쓰세요.

① **take** (가지고 오다 / 가지고 가다)

t e a d k i e

② **soon** (곧 / 지금)

s e o u o u n

③ **to** (~로 / ~부터)

d s o t e u o

④ **them** (우리를 / 그들을)

t u h e n r m

C 다음을 읽고 알맞은 그림을 찾아 연결하세요.

① **take** the salt   •

② go **to** school   •

③ See you **soon**.   •

④ want **them**   •

•

•

•

•

D 잘 듣고 빈칸에 알맞은 단어를 써서 문장을 완성하세요.

① I saw _____ yesterday.
나는 어제 그것들을 봤어요.

② Let's go _____ the park.
공원으로 가자.

③ I'll _____ them to grandma.
내가 그것들을 할머니에게 가져다 드릴게요.

④ I'll be back _____.
금방 돌아올게.

take

soon

to

them

· **yesterday** 어제   **park** 공원   **grandma** 할머니   **be back** 돌아오다

Can you take the food to grandma?
Sure. I'll take them to grandma.

Be careful!
I'll be back soon.

· **sure** 물론, 그럼 **be careful** 조심하다

⭐ 사이트 워드를 따라 쓰면서 뜻을 익혀요.

145
did
했다

146
had
가졌다

147
light
불, 가벼운

148
well
잘

did
Did

had
Had

light
Light

well
Well

⭐ 사이트 워드가 쓰인 표현을 큰 소리로 따라 읽어요.

did homework
숙제를 했다

had fun
재미있는 시간을 가졌다
(재미있었다)

a red light
빨간불

dance well
춤을 잘 추다

각 사이트 워드가 몇 개 있는지 찾아 개수를 쓰세요.

did	had	**wall**	right	has	will
well	**do**	have	light	dib	**wil**
dad	well	had	will	**did**	has
will	light	**has**	light	well	lite
little	dig	well	**had**	ligt	wel

✏️ **had** _____   **did** _____   **well** _____   **light** _____

B 단어의 뜻을 고르고, 알맞은 글자를 찾은 후 단어를 쓰세요.

① **did**
(하다 / 했다)
b i d u i b d
_____

② **well**
(잘 / 곧)
v w a e l s l
_____

③ **light**
(불 / 물)
l a i s g h t
_____

④ **had**
(가지고 있다 / 가졌다)
b h e a b d r
_____

C 다음을 읽고 알맞은 그림을 찾아 연결하세요.

❶ dance **well** •

❷ a red **light** •

❸ **had** fun •

❹ **did** homework •

D 잘 듣고 빈칸에 알맞은 단어를 써서 문장을 완성하세요.

❶ We _____ a great day.
우리는 즐거운 하루를 가졌다(보냈다).

❷ Turn off the _____, please.
불 좀 꺼 줘.

❸ _____ you have lunch?
너 점심 먹었어?

❹ Sleep _____, honey!
잘 자, 예쁜이!

보기

had

well

did

light

· **great** 아주 좋은 **day** 하루 **turn off** (불을) 끄다 **lunch** 점심 식사 **honey** 사랑하는 이를 부르는 호칭

I did my homework.
Then I had fun with this robot.

I had a great day.
I'll turn off the light.
Sleep well, Robot!

· robot 로봇

Day 38

⭐ 사이트 워드를 따라 쓰면서 뜻을 익혀요.

149

if

(만약) ~하면

150

let

~하게 하다

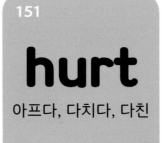

151

hurt

아프다, 다치다, 다친

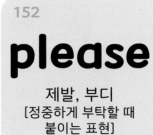

152

please

제발, 부디
[정중하게 부탁할 때
붙이는 표현]

⭐ 사이트 워드가 쓰인 표현을 큰 소리로 따라 읽어요.

if it rains

비가 오면

Let me see.

내가 보게 해 줘.
(내가 좀 볼게.)

It hurts.

여기가 아파요.

Sit down, please.

앉아 주세요.

A 제시된 단어와 같은 단어를 찾아 동그라미 하세요.

if

is	if	it
in	ip	if
It	If	Is

let

let	lit	led
lat	lep	let
leg	let	lut

hurt

hert	hurt	hut
hurd	hirt	hurt
hurk	hurt	hort

please

pleese	please	place
please	pleat	plead
plaese	pleas	please

B 단어의 뜻을 고르고, 알맞은 글자를 찾은 후 단어를 쓰세요.

1 **hurt**
(아프다 / 슬프다)

b h e u k r t

2 **if**
(~하면 / ~하지 않으면)

e x i p b f u

3 **let**
(보여 주다 / ~하게 하다)

h a l i e t b

4 **please**
(제발 / 고마워)

p l e u a s e

C 다음을 읽고 알맞은 그림을 찾아 연결하세요.

1. It **hurts**. •
2. **Let** me see. •
3. Sit down, **please**. •
4. **if** it rains •

D 잘 듣고 빈칸에 알맞은 단어를 써서 문장을 완성하세요.

1.  I was _____ today.
   나는 오늘 다쳤다.

2. _____ me help you.
   내가 너를 도와주게 해 줘. (내가 너를 도와줄게.)

3. Close the window, _____.
   창문 좀 닫아 주세요.

4. _____ it snows, let's make a snowman.
   눈이 온다면 눈사람을 만들자.

hurt

if

let

please

· close 닫다 snow 눈이 오다 snowman 눈사람

스토리를 잘 듣고 큰 소리로 따라 읽어요.

Please **don't eat me.**
If you **let** me go,
I'll help you some day.

Ouch! It hurts.
Let me help you.

Thank you. You saved me.

· **some day** 언젠가 **ouch** 아야 **save** 구하다

학습 날짜 :   월   일

⭐ 사이트 워드를 따라 쓰면서 뜻을 익혀요.

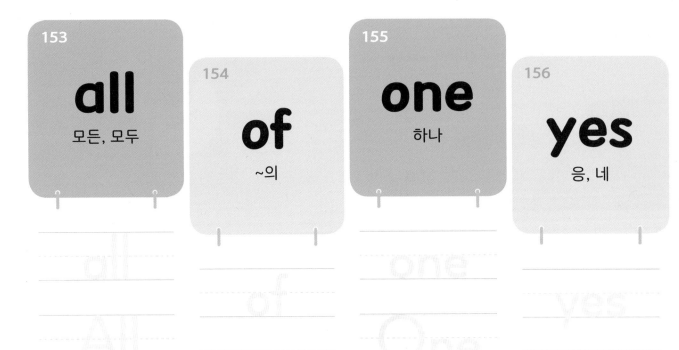

153 **all** 모든, 모두

154 **of** ~의

155 **one** 하나

156 **yes** 응, 네

⭐ 사이트 워드가 쓰인 표현을 큰 소리로 따라 읽어요.

like them all 그것들을 모두 좋아하다

lily ➡

the name of the flower 이 꽃의 이름

one pencil 연필 한 개

Yes.

say yes '네'라고 말하다

A of-all-one-yes의 순서를 따라 가며 길을 그리세요.

of	al	on	ell	ona
all	ome	yes	of	all
one	yeh	one	tall	one
yes	of	all	owe	yes

B 단어의 뜻을 고르고, 알맞은 글자를 찾은 후 단어를 쓰세요.

❶ **all**
(몇몇의 / 모든)

t a e r l k l

❷ **yes**
(응 / 아니)

v u y a e s z

❸ **of**
(~을 위해 / ~의)

a i o p b f e

❹ **one**
(하나 / 둘)

o e n m e u i

C 다음을 읽고 알맞은 그림을 찾아 연결하세요.

❶ **one** pencil •

❷ like them **all** •

❸ say **yes** •

❹ the name **of**
the flower •

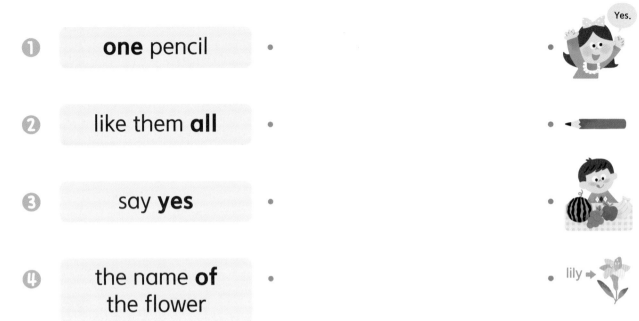

D 잘 듣고 빈칸에 알맞은 단어를 써서 문장을 완성하세요.

❶ _____, I can.
응, 나는 할 수 있어.

❷ I want _____ of them.
나는 저것들을 모두 원해요(갖고 싶어요).

❸ Just pick _____ color.
한 가지 색만 골라.

❹ What is the color _____
your car?
당신 차의 색은 뭐예요?

보기

of

all

yes

one

· **pick** 고르다   **color** 색

192

The flavors of ice cream here are great. I want all of them!

No. Just pick one.

Do you need a spoon?

Yes, please.

· **flavor** 맛 **need** 필요하다 **spoon** 숟가락

학습 날짜 :　　　월　　　일

★ 사이트 워드를 따라 쓰면서 뜻을 익혀요.

157
two
둘

158
or
또는, 아니면

159
think
생각하다

160
about
~에 대해

two
Two

or
Or

think
Think

about
About

★ 사이트 워드가 쓰인 표현을 큰 소리로 따라 읽어요.

two pencils
연필 두 개

red or blue
빨간색 또는 파란색

I think so.
나는 그렇게 생각해.

a book about dogs
개에 대한 책

제시된 단어와 같은 단어를 찾아 동그라미 하세요.

two

too	two	to
twa	tow	two
tvo	two	twe

or

on	or	ar
or	ot	ob
os	oh	or

think

think	thing	thin
tink	thank	think
tank	think	thick

about

boat	adout	about
abiut	about	aboot
abuot	abate	about

B 단어의 뜻을 고르고, 알맞은 글자를 찾은 후 단어를 쓰세요.

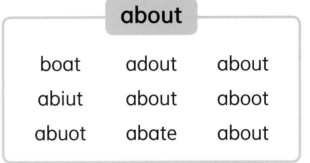

① **about**
(~에 대해 / ~와 함께)

a d b o n u t

② **or**
(그리고 / 또는)

e p o z n l r

③ **two**
(하나 / 둘)

v t o w e o u

④ **think**
(생각하다 / 말하다)

t u h i u n k

C 다음을 읽고 알맞은 그림을 찾아 연결하세요.

❶ red **or** blue •

❷ I **think** so. •

❸ a book **about** dogs •

❹ **two** pencils •

D 잘 듣고 빈칸에 알맞은 단어를 써서 문장을 완성하세요.

❶ I have _____ books.
나는 책이 두 권 있어.

❷ I _____ this one is better.
나는 이게 더 좋다고 생각해.

❸ This story is _____ ghosts.
이 이야기는 유령들에 대한 것이다.

❹ Do you like soccer _____ baseball?
너는 축구가 좋아? 아니면 야구가 좋아?

보기

think

two

or

about

• **story** 이야기 **ghost** 유령 **baseball** 야구

196

I have two books.

Do you want this book or that book?

I think this one is better.

What is it about?

Is it about dogs or cats?

I don't know, but it looks fun.

· cat 고양이

Review 8

1 잘 듣고 알맞은 단어를 고른 후 뜻을 연결하세요.

① **out** · **of** ·   · ~로, ~에게

② **no** · **yes** ·   · 응, 네

③ **is** · **if** ·   · ~의

④ **to** · **from** ·   · 잘

⑤ **well** · **good** ·   · (만약) ~하면

⑥ **they** · **them** ·   · 또는, 아니면

⑦ **or** · **and** ·   · ~에 대해

⑧ **about** · **from** ·   · 그(것)들을,
그(것)들에게

⑨ **some** · **please** ·   · ~하게 하다

⑩ **make** · **let** ·   · 제발, 부디

2 문장을 읽고 알맞은 뜻에 동그라미 하세요.

① **I have two books.**

나는 책이 (두 / 세) 권 있어.

② **We had a great day.**

우리는 즐거운 하루를 (가져요 / 가졌어요).

③ **I saw them yesterday.**

나는 어제 (그것을 / 그것들을) 봤어요.

④ **Just pick one color.**

(한 가지 / 두 가지) 색만 골라.

⑤ **Did you have lunch?**

너 점심 (먹어 / 먹었어)?

⑥ **I want all of them.**

나는 저것들을 (모두 / 조금) 갖고 싶어요.

3 단어의 뜻을 고르고 퍼즐에서 단어를 찾으세요.

① **soon**

(다시 / 곧)

② **take**

(만들다 / 가지고 가다)

③ **hurt**

(다친 / 친절한)

④ **light**

(불 / 물)

⑤ **think**

(생각하다 / 아프다)

```
b  e  t  a  c  e  t  l
s  l  t  h  i  m  k  i
o  a  h  u  s  o  o  n
o  l  i  g  h  t  a  h
m  t  n  h  u  l  t  t
l  a  k  e  r  h  e  h
t  h  a  k  t  a  k  e
h  u  r  d  l  i  t  e
```

4 잘 듣고 알맞은 단어를 골라 빈칸을 채우세요.

 ❶ Sleep _____, honey!

(good / well)

 ❷ Let's go _____ the park.

(to / from)

 ❸ _____, I can.

(Yes / No)

 ❹ I saw _____ yesterday.

(it / them)

 ❺ This story is _____ ghosts.

(of / about)

 ❻ _____ it snows, let's make a snowman.

(If / When)

 ❼ What is the color _____ your car?

(for / of)

 ❽ Do you like soccer _____ baseball?

(and / or)

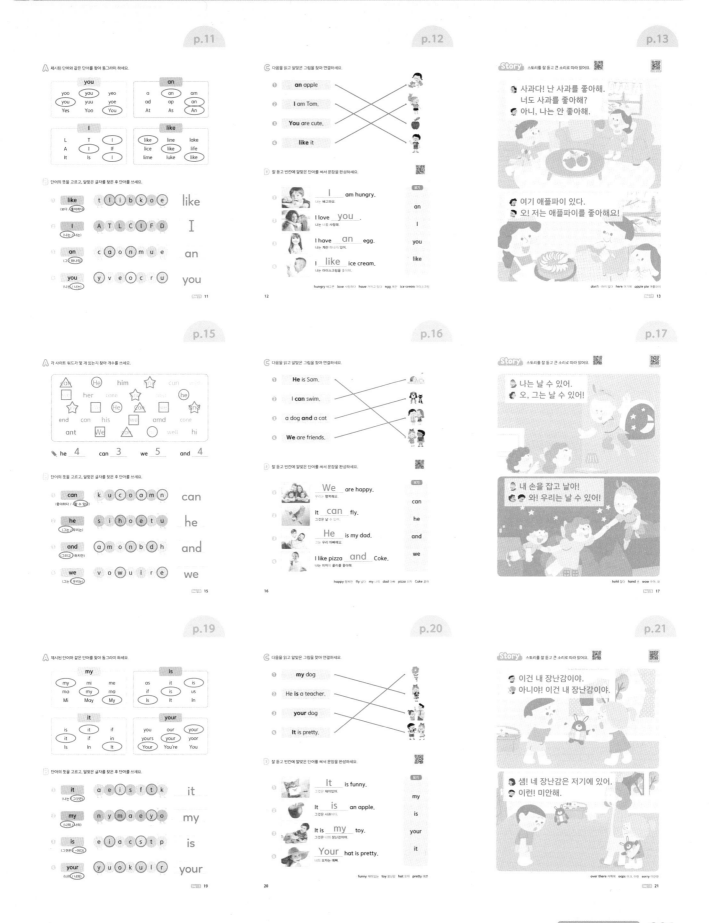

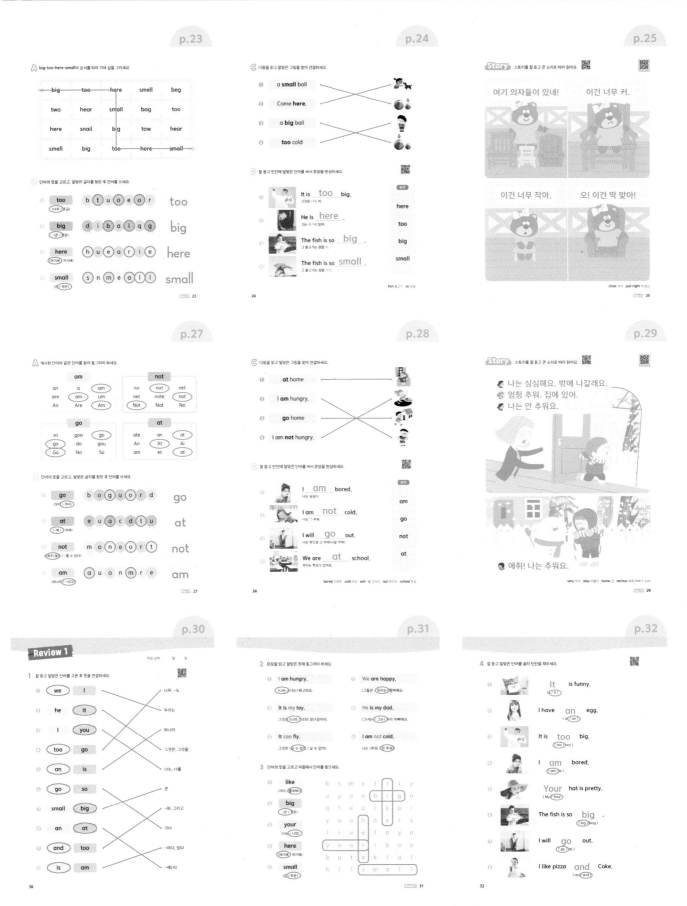

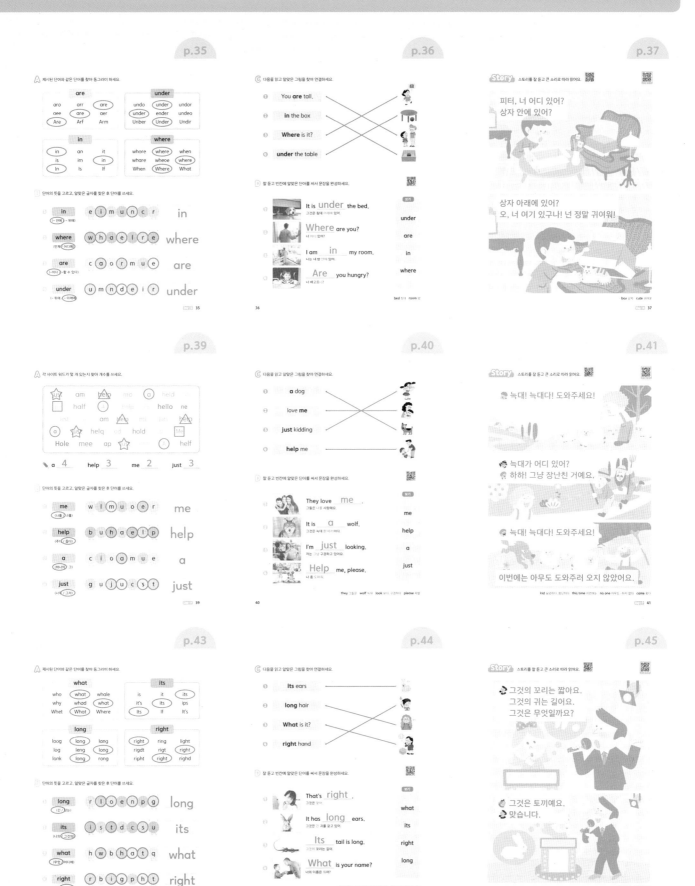

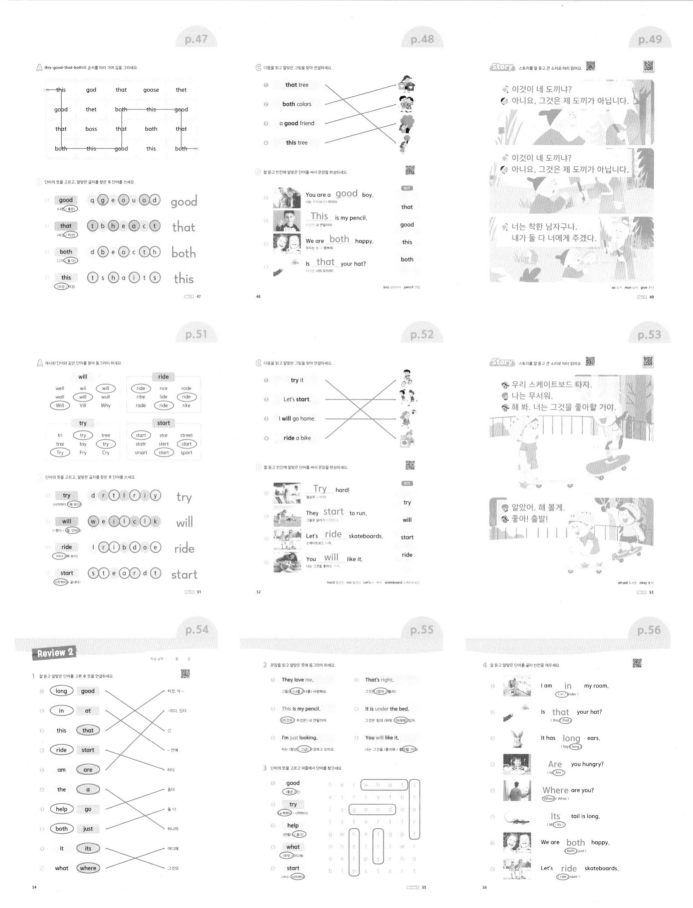

p.47

A this-good-that-both의 순서를 따라 가미 길을 그리세요.

this	god	that	goose	thet
good	thet	both	this	good
that	boss	that	bath	that
both	this	good	this	both

B 단어의 뜻을 고르고, 알맞은 글자를 찾은 후 단어를 쓰세요.

1. good (나쁜/좋은) q g e o u o d → good
2. that (이것/저것) t b h e a c t → that
3. both (그/둘 다) d b e o c t h → both
4. this (이것/저것) t s h a i t s → this

47

p.48

C 다음을 읽고 알맞은 그림을 찾아 연결하세요.

1. that tree
2. both colors
3. a good friend
4. this tree

D 잘 듣고 빈칸에 알맞은 단어를 써서 문장을 완성하세요.

1. You are a good boy. 너는 착한(좋은) 아이야.
2. This is my pencil. 이것은 내 연필이야.
3. We are both happy. 우리는 둘 다 행복해
4. Is that your hat? 저것은 너의 모자야?

보기: that / good / this / both

boy 남자아이 pencil 연필

48

p.49

Story 스토리를 잘 듣고 큰 소리로 따라 읽어요.

🪓 이것이 네 도끼냐?
🦫 아니요, 그것은 제 도끼가 아닙니다.

🪓 이것이 네 도끼냐?
🦫 아니요, 그것은 제 도끼가 아닙니다.

🪓 너는 착한 남자구나.
내가 둘 다 너에게 주겠다.

ax 도끼 man 남자 give 주다

49

p.51

A 제시된 단어와 같은 단어를 찾아 동그라미 하세요.

will
well	wil	will
wall	will	wull
Will	Vill	Why

ride
ride	rice	rode
ribe	lide	ride
rade	ride	rike

try
tri	try	tree
trai	toy	try
Try	Fry	Cry

start
start	star	street
statr	stert	start
smart	start	spart

B 단어의 뜻을 고르고, 알맞은 글자를 찾은 후 단어를 쓰세요.

1. try (시작하다/해 보다) d r t l r i y → try
2. will (분다/할 것이다) w e i l c l k → will
3. ride (타다/들어 보다) l r i b d o e → ride
4. start (시작하다/끝나다) s t e a r d t → start

51

p.52

C 다음을 읽고 알맞은 그림을 찾아 연결하세요.

1. try it
2. Let's start.
3. I will go home.
4. ride a bike

D 잘 듣고 빈칸에 알맞은 단어를 써서 문장을 완성하세요.

1. Try hard! 열심히 해 봐!
2. They start to run. 그들은 달리기 시작한다.
3. Let's ride skateboards. 스케이트보드 타자.
4. You will like it. 너는 그것을 좋아할 거야.

보기: try / will / start / ride

hard 열심히 run 달리다 Let's ~ 하자 skateboard 스케이트보드

52

p.53

Story 스토리를 잘 듣고 큰 소리로 따라 읽어요.

🛹 우리 스케이트보드 타자.
😰 나는 무서워.
🛹 해 봐. 너는 그것을 좋아할 거야.

😀 알았어, 해 볼게.
👍 좋아! 출발!

afraid 무서운 okay 좋아

53

p.54

Review 2

1 잘 듣고 알맞은 단어를 고른 후 뜻을 연결하세요.

1. long / **good** — 저것, 저 ~
2. **in** / at — ~이다, 있다
3. this / **that** — 긴
4. **ride** / start — ~ 안에
5. am / **are** — 타다
6. the / **a** — 돕다
7. help / **go** — 들 다
8. **both** / just — 하나의
9. it / **its** — 어디에
10. what / **where** — 그것의

p.55

2 문장을 읽고 알맞은 뜻에 동그라미 하세요.

1. They love me. 그들은 (나를/너를) 사랑해요.
2. This is my pencil. (이것은/저것은) 내 연필이야.
3. I'm just looking. 저는 (항상/그냥) 구경하고 있어요.
4. That's right. 그것이 (많이/맞아).
5. It is under the bed. 그것은 침대 (위에/아래에) 있어.
6. You will like it. 나는 그것을 (좋아해/좋아할 거야).

3 단어의 뜻을 고르고 퍼즐에서 단어를 찾으세요.

1. good (좋은/많은)
2. try (노력하다/시작하다)
3. help (만들다/돕다)
4. what (무엇/어떤)
5. start (끝나다/시작하다)

h	e	r	w	h	a	t	s
e	t	r	i	s	t	h	t
i	s	g	o	o	d	a	a
t	s	t	e	r	t	i	r
g	w	h	e	t	g	p	t
a	h	e	t	r	l	w	r
o	e	l	p	y	r	h	a
b	p	s	t	e	r	t	i

55

p.56

4 잘 듣고 알맞은 단어를 골라 빈칸을 채우세요.

1. I am in my room. (in / under)
2. Is that your hat? (this / that)
3. It has long ears. (big / long)
4. Are you hungry? (Is / Are)
5. Where are you? (Where / What)
6. Its tail is long. (It / Its)
7. We are both happy. (both / just)
8. Let's ride skateboards. (ride / start)

56

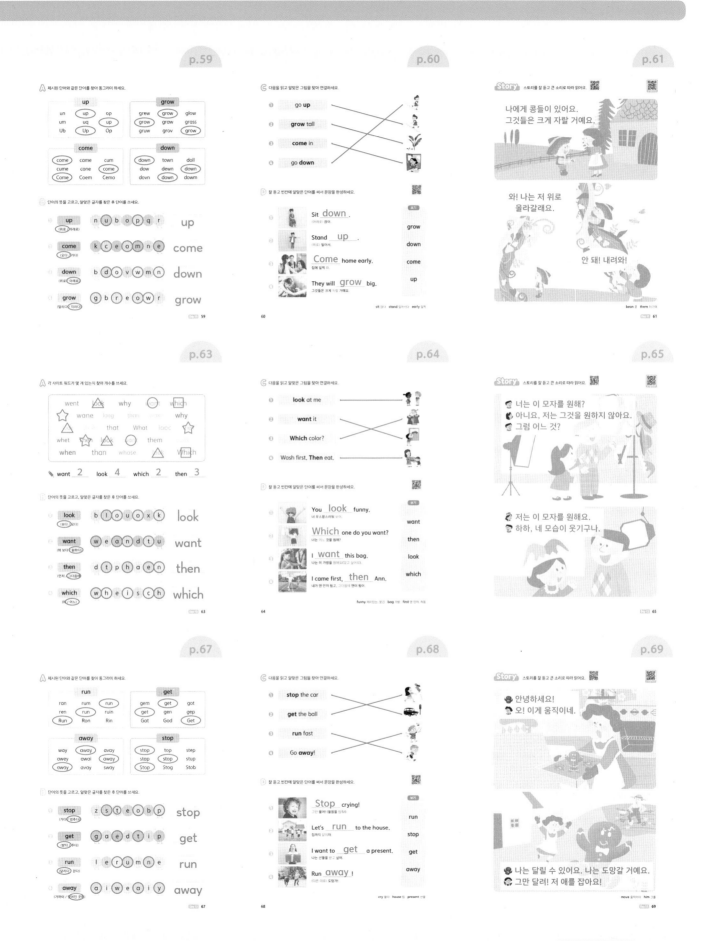

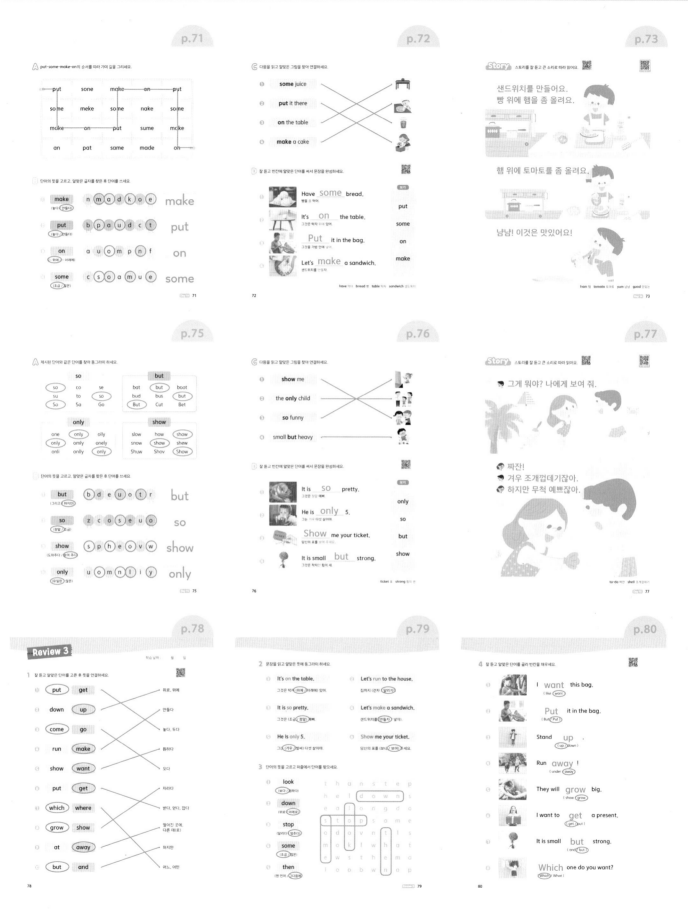

p.83

A 제시된 단어와 같은 단어를 찾아 동그라미 하세요.

have: hake, (have), hade / heve, hawe, (have) / (Have), Had, Has

into: indo, (into), intoo / intro, intu, (into) / (into), imto, onto

read: (read), raed, reed / red, (read), lead / reab, reap, (read)

again: gain, (again), agaim / (again), abain, ogein / aguin, ogain, (again)

B 단어의 뜻을 고르고, 알맞은 글자를 찾은 후 단어를 쓰세요.

① read (읽다 / 가지고 있다) — r (a) e (o) a (b) (d) — read
② have (읽다 / 가지고 있다) — b (h) (e) (a) w (v) (e) — have
③ again (빨리 / 다시) — (a) (g) (e) (a) (i) (m) (n) — again
④ into (~안으로 / ~밖으로) — (i) (m) (n) d (t) u (o) — into

p.84

C 다음을 읽고 알맞은 그림을 찾아 연결하세요.
① into the box
② read a book
③ have a book
④ try again

D 잘 듣고 빈칸에 알맞은 단어를 써서 문장을 완성하세요.
① I __have__ a brother. 나는 형이 있어.
② Let's __read__ it together. 그것을 같이 읽자.
③ I'm late __again__. 나는 또 늦었어.
④ He went __into__ the cave. 그는 동굴 안으로 들어갔어.

보기: again, into, have, read

brother 남자 형제 together 함께, 같이 late 늦은 went 갔다 cave 동굴

p.85

Story 스토리를 잘 듣고 큰 소리로 따라 읽어요.

나한테 책이 있어.
우리 이것을 같이 읽자.

오, 난 늦었어!
또 늦었다고!

저 토끼 좀 봐!
그는 동굴 속으로 들어갔어.

book 책 look at ~을 보다

p.87

A 각 사이트 워드가 몇 개 있는지 찾아 개수를 쓰세요.

(ask, suy, together, batter, say / vey, best, ask, asgun, as / soy, beter, esk, togeher, beter, sai / soy, asp, together, better, best / ask, bedder, say, together, asg)

say 3 ask 5 better 2 together 3

B 단어의 뜻을 고르고, 알맞은 글자를 찾은 후 단어를 쓰세요.
① ask (말하다 / 묻다) — e (a) z (s) (h) (k) u — ask
② better (더 좋은 / 더 나쁜) — b (e) (t) (t) a (e) (r) — better
③ say (말하다 / 묻다) — p (e) (s) (a) (i) (y) f — say
④ together (혼자 / 함께) — (t) (o) (g) (u) (e) (t) (h) (e) (r) — together

p.88

C 다음을 읽고 알맞은 그림을 찾아 연결하세요.
① ask him
② a better idea
③ play together
④ say sorry

D 잘 듣고 빈칸에 알맞은 단어를 써서 문장을 완성하세요.
① __Ask__ me anything. 나에게 뭐든 물어봐.
② I feel __better__ now. 이제 몸이 더 좋아 있어요(나았어요).
③ Let's make it __together__. 그것을 같이 만들자.
④ What did you __say__? 너 뭐라고 말했어?

보기: better, ask, together, say

anything 무언가 feel 느끼다 now 지금, 이제

p.89

Story 스토리를 잘 듣고 큰 소리로 따라 읽어요.

"울지 마." 엄마가 말해요.
"그것을 같이 만들자. 내가 도와줄게."

"이제 기분이 좋아졌어?" 엄마가 물어요.
"네, 고마워요, 엄마." 내가 말해요.

mom 엄마 thank 고마워하다

p.91

A 제시된 단어와 같은 단어를 찾아 동그라미 하세요.

see: sea, (see), seu / (see), seo, saw / sae, sew, (see)

find: (find), fine, found / fain, (find), fimd / pind, finb, (find)

any: amy, ani, (any) / eny, (any), many / (Any), Amy, And

found: find, fond, (found) / fuond, (found), pound / bound, fomd, (found)

B 단어의 뜻을 고르고, 알맞은 글자를 찾은 후 단어를 쓰세요.
① any (약간의 / 잃은) — (a) (m) (n) u (i) (y) x — any
② find (보다 / 찾다) — p (f) a (i) (n) (d) — find
③ see (읽다 / 보다) — c (s) o (e) (a) e r — see
④ found (찾다 / 찾았다) — (f) (o) (e) (u) (n) b (d) — found

p.92

C 다음을 읽고 알맞은 그림을 찾아 연결하세요.
① find my phone
② I see a cow.
③ I found it!
④ Any food?

D 잘 듣고 빈칸에 알맞은 단어를 써서 문장을 완성하세요.
① I __see__ a bird. 나는 새가 보여.
② Let's __find__ some bugs. 벌레를 좀 찾아보자.
③ I don't have __any__ money. 나는 돈이 조금도 없어.
④ He __found__ treasure. 그는 보물을 찾았다.

보기: find, any, see, found

bird 새 bug 벌레 money 돈 treasure 보물

p.93

Story 스토리를 잘 듣고 큰 소리로 따라 읽어요.

너는 음식이 좀 보여?
아니, 나는 음식이 하나도 안 보여.
음식을 좀 찾아보자.

저기 봐! 내가 과일을 좀 찾았어.
야호!

food 음식 fruit 과일 yay 야호, 우아(기뻐 터뜨리는 말)

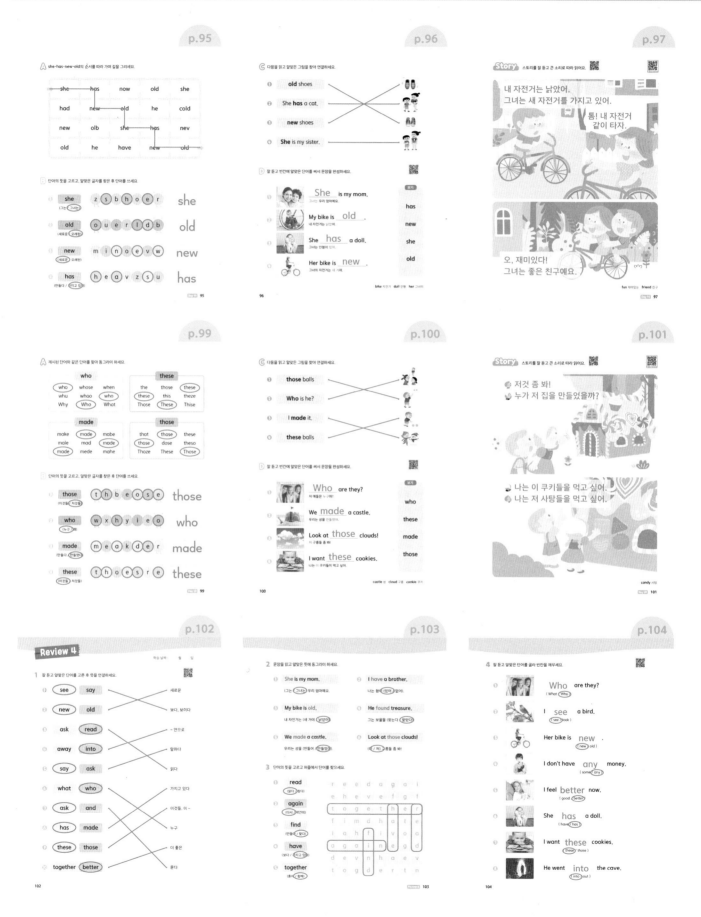

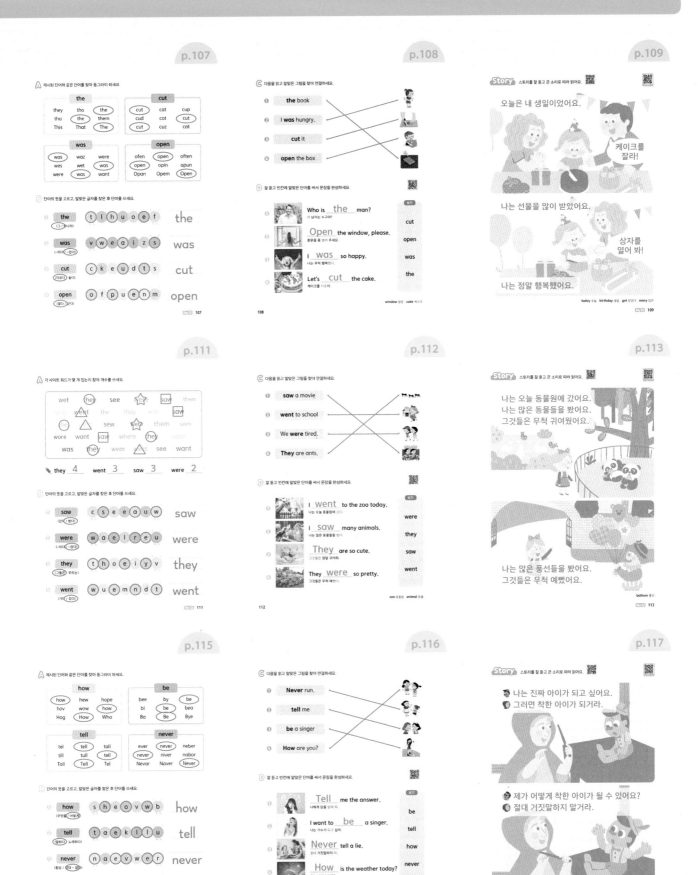

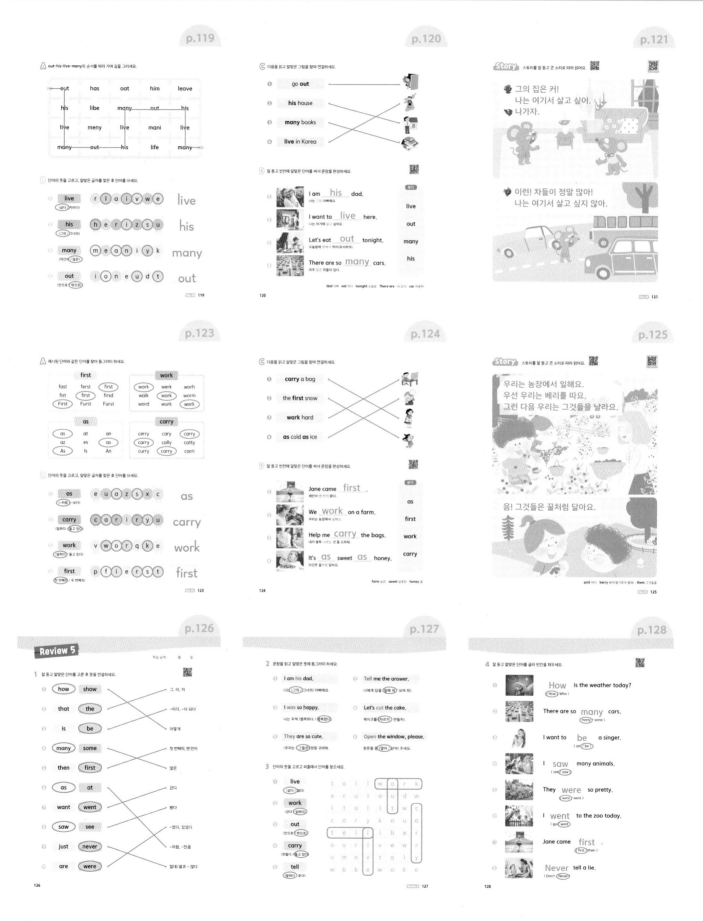

정답 및 Story 해석

210

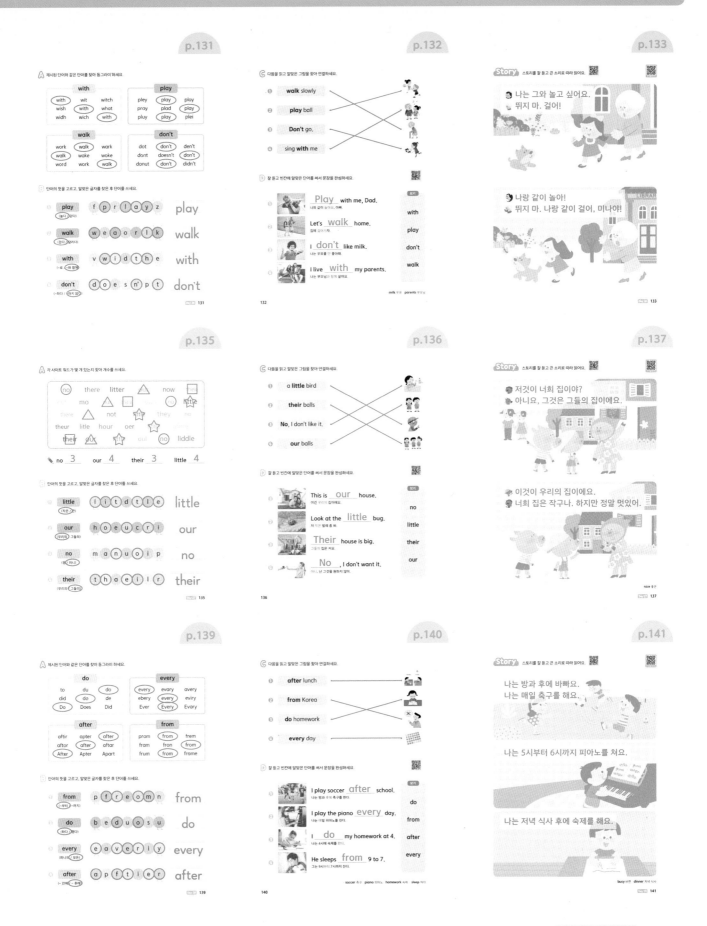

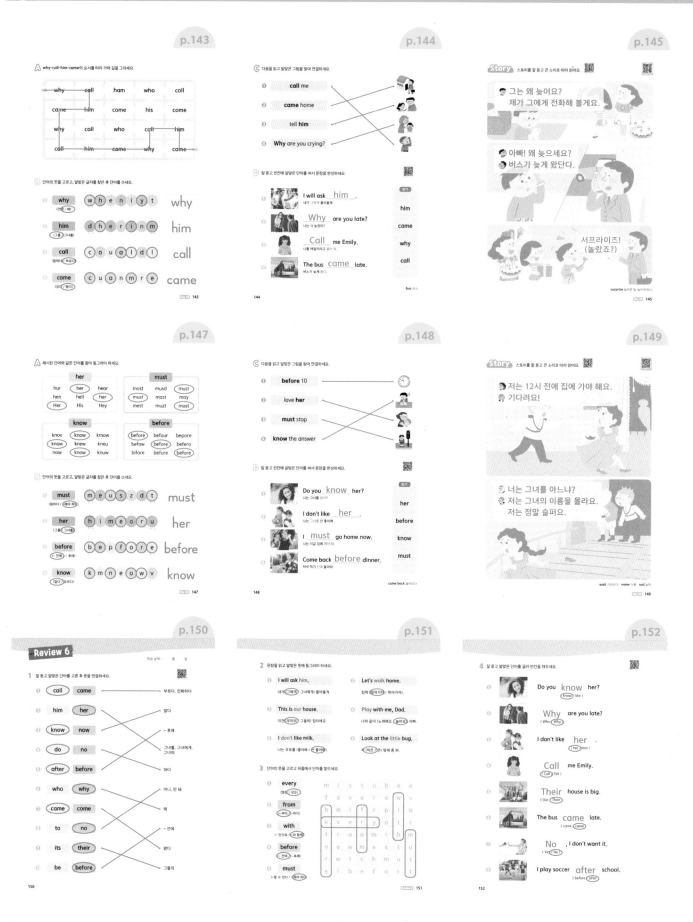

p.143

A why-call-him-came의 순서를 따라 가어 길을 그리세요.

B 단어의 뜻을 고르고, 알맞은 글자를 찾은 단어를 쓰세요.

p.144

C 다음을 읽고 알맞은 그림을 찾아 연결하세요.

① call me
② came home
③ tell him
④ Why are you crying?

D 잘 듣고 빈칸에 알맞은 단어를 써서 문장을 완성하세요.

① I will ask him .
내가 그에게 물어볼게.
② Why are you late?
너는 왜 늦었어?
③ Call me Emily.
나를 에밀리라고 불러 줘.
④ The bus came late.
버스가 늦게 왔다.

보기
him
came
why
call

bus 버스

p.145

Story 스토리를 잘 듣고 큰 소리로 따라 읽어요.

그는 왜 늦어요?
제가 그에게 전화해 볼게요.

아빠! 왜 늦으세요?
버스가 늦게 왔단다.

서프라이즈!
(놀랐죠?)

surprise 놀라운 일, 놀라게 하다

p.147

A 제시된 단어와 같은 단어를 찾아 동그라미 하세요.

her / must / know / before

B 단어의 뜻을 고르고, 알맞은 글자를 찾은 단어를 쓰세요.

① must
② her
③ before
④ know

p.148

C 다음을 읽고 알맞은 그림을 찾아 연결하세요.

① before 10
② love her
③ must stop
④ know the answer

D 잘 듣고 빈칸에 알맞은 단어를 써서 문장을 완성하세요.

① Do you know her?
나는 그녀를 알아?
② I don't like her.
나는 그녀가 안 좋아.
③ I must go home now.
나는 지금 집에 가야 해.
④ Come back before dinner.
저녁 먹기 전에 돌아와.

보기
her
before
know
must

come back 돌아오다

p.149

Story 스토리를 잘 듣고 큰 소리로 따라 읽어요.

저는 12시 전에 집에 가야 해요.
기다려요!

너는 그녀를 아느냐?
저는 그녀의 이름을 몰라요.
저는 정말 슬퍼요.

wait 기다리다 name 이름 sad 슬픈

p.150

Review 6

학습 날짜: 월 일

1 잘 듣고 알맞은 단어를 고른 뜻에 연결하세요.

① call / came
② him / her
③ know / now
④ do / no
⑤ after / before
⑥ who / why
⑦ came / come
⑧ to / no
⑨ its / their
⑩ be / before

부르다, 전화하다
알다
~ 후에
그녀를, 그녀에게, 그녀의
하다
아니, 안 돼
왜
~ 전에
왔다
그들의

p.151

2 문장을 읽고 알맞은 뜻에 동그라미 하세요.

① I will ask him.
내가 그에게 / 그녀에게 물어볼게.
② This is our house.
이건 우리의 / 그들의 집이에요.
③ I don't like milk.
나는 우유를 좋아해 / 안 좋아해.

Let's walk home.
집에 걸어가요 / 뛰어가요.
Play with me, Dad.
나와 같이 노래해요 / 놀아요 아빠.
Look at the little bug.
작은 / 밝은 벌레 좀 봐.

3 단어의 뜻을 고르고 퍼즐에서 단어를 찾으세요.

① every
② from
③ with
④ before
⑤ must

m i s t u b e e
f e v e r e w v
b w l f r p l a
e v e r y o t h
f r a o m r h u
o e w m e s t s
r w i c h m u s
e l b e f o r t

p.152

4 잘 듣고 알맞은 단어를 골라 빈칸을 채우세요.

① Do you know her? (know / like)
② Why are you late? (Who / Why)
③ I don't like her. (her / him)
④ Call me Emily. (Call / Tell)
⑤ Their house is big. (Our / Their)
⑥ The bus came late. (come / came)
⑦ No, I don't want it. (Yes / No)
⑧ I play soccer after school. (before / after)

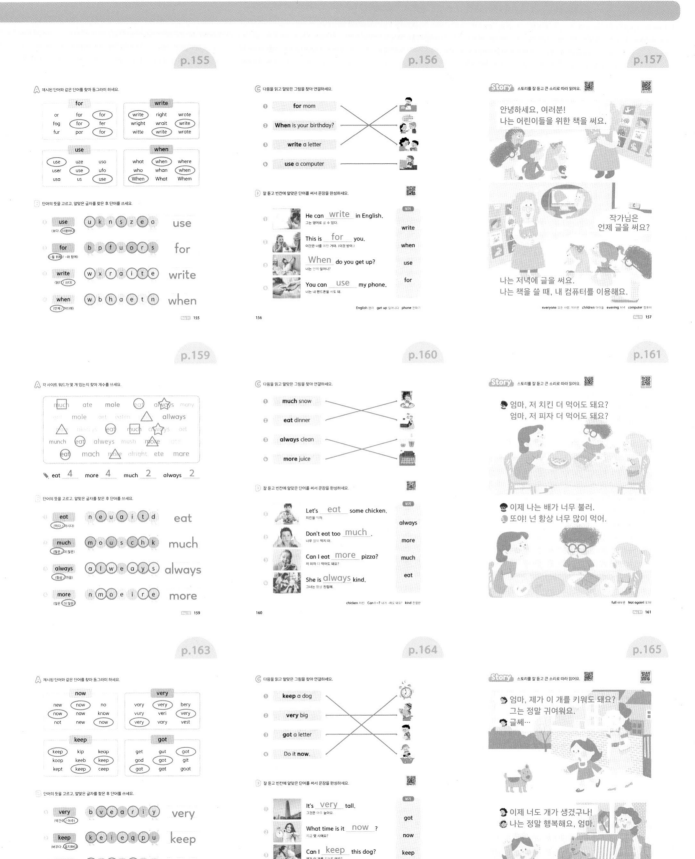

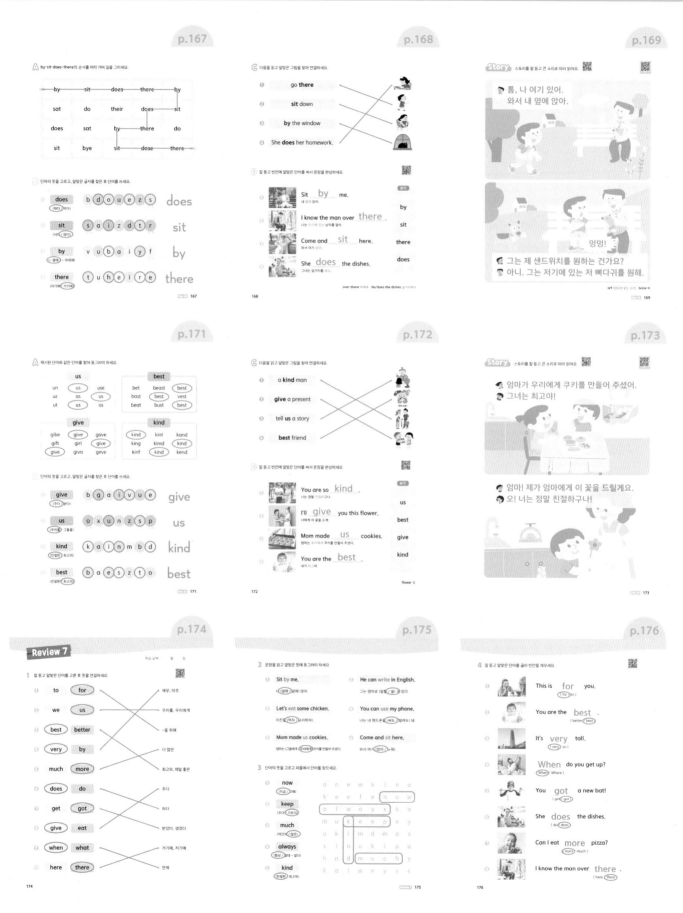

p.179

A 제시된 단어와 같은 단어를 찾아 동그라미 하세요.

to

tu	(to)	top
too	do	(to)
(To)	Two	Too

take

(take)	teke	tage
tabe	(take)	taken
teik	taqe	(take)

soon

seon	soam	(soon)
sean	(soon)	soen
Seen	(Soon)	Same

them

they	then	(them)
(them)	that	ther
thum	(them)	these

B 단어의 뜻을 고르고, 알맞은 글자를 찾은 후 단어를 쓰세요.

- **take** (가지고 오다 / 가지고 가다) t e a d k i e → take
- **soon** (곧 / 가끔) s e o u o u n → soon
- **to** (〜로 / 〜부터) d s o t e u o → to
- **them** (우리들 / 그들을) t u h e n r m → them

179

p.180

C 다음을 읽고 알맞은 그림을 찾아 연결하세요.

1 take the salt
2 go to school
3 See you soon.
4 want them

D 잘 듣고 빈칸에 알맞은 단어를 써서 문장을 완성하세요.

보기: take / soon / to / them

1 I saw **them** yesterday.
나는 어제 그것들을 봤어요.
2 Let's go **to** the park.
공원으로 가자.
3 I'll **take** them to grandma.
내가 그것들을 할머니께 가져다 드릴게요.
4 I'll be back **soon** .
금방 돌아올게.

yesterday 어제 park 공원 grandma 할머니 be back 돌아오다

180

p.181

Story 스토리를 잘 듣고 큰 소리로 따라 읽어요.

🧑 네가 이 음식을 할머니에게 갖다 드릴 수 있겠니?
🧒 그럼요. 제가 그것들을 할머니에게 갖다 드릴게요.

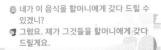

🧑 조심해!
🧒 금방 돌아올게요.

sure 물론 그럼 be careful 조심하다

181

p.183

A 각 사이트 워드가 몇 개 있는지 찾아 개수를 쓰세요.

had **3**   did **2**   well **4**   light **3**

B 단어의 뜻을 고르고, 알맞은 글자를 찾은 후 단어를 쓰세요.

- **did** (했던 / 했던) b i d u i b d → did
- **well** (잘 / 병) v w a e l s l → well
- **light** (밤 / 빛) l a i s g h t → light
- **had** (가지고 있다 / 가졌다) b h e a b d r → had

183

p.184

C 다음을 읽고 알맞은 그림을 찾아 연결하세요.

1 dance well
2 a red light
3 had fun
4 did homework

D 잘 듣고 빈칸에 알맞은 단어를 써서 문장을 완성하세요.

보기: had / well / did / light

1 We **had** a great day.
우리는 즐거운 하루를 가졌다(보냈다).
2 Turn off the **light** , please.
불 좀 꺼 줘.
3 **Did** you have lunch?
너 점심 먹었니?
4 Sleep **well** , honey!
잘 자, 애들아!

great 아주 좋은 day 날, 하루 turn off 끄다 lunch 점심 식사 honey 사랑하는 이를 부르는 호칭

184

p.185

Story 스토리를 잘 듣고 큰 소리로 따라 읽어요.

나는 숙제를 했어요.
그런 다음 이 로봇과 함께 즐겁게 보냈어요.

나는 아주 좋은 하루를 보냈어요.
나는 불을 끌게요.
잘 자, 로봇!

robot 로봇

185

p.187

A 제시된 단어와 같은 단어를 찾아 동그라미 하세요.

if

is	(if)	it
in	ip	(if)
It	(If)	Is

let

(let)	lit	led
lat	lep	(let)
leg	(let)	lut

hurt

hert	(hurt)	hut
hurd	hirt	(hurt)
hurk	(hurt)	hort

please

pleese	(please)	place
(please)	pleat	plead
ploase	pleas	(please)

B 단어의 뜻을 고르고, 알맞은 글자를 찾은 후 단어를 쓰세요.

- **hurt** (아프다 / 슬프다) b h e u k r t → hurt
- **if** (~라면 / ~하지 않으면) e x i p b f u → if
- **let** (넣어 주다 / ~하게 하다) h a l i e t b → let
- **please** (제발 / 고마워) p l e u a s e → please

187

p.188

C 다음을 읽고 알맞은 그림을 찾아 연결하세요.

1 It hurts.
2 Let me see.
3 Sit down, please.
4 if it rains

D 잘 듣고 빈칸에 알맞은 단어를 써서 문장을 완성하세요.

보기: hurt / if / let / please

1 I was **hurt** today.
나는 오늘 다쳤다.
2 **Let** me help you.
내가 너를 도와주게 해줘. (내가 너를 도와줄게.)
3 Close the window, **please** .
창문 좀 닫아 주세요.
4 **If** it snows, let's make a snowman.
눈이 온다면 눈사람을 만들자.

close 닫다 snow 눈이 오다 snowman 눈사람

188

p.189

Story 스토리를 잘 듣고 큰 소리로 따라 읽어요.

🦁 제발 저를 잡아먹지 마세요.
저를 놓아 주시면, 제가 언젠가 도와드릴게요.

🐭 아야! 아파.
🦁 제가 도와드릴게요.

🐭 고맙구나. 네가 나를 구했어.

some day 언젠가 ouch 아야 save 구하다

189

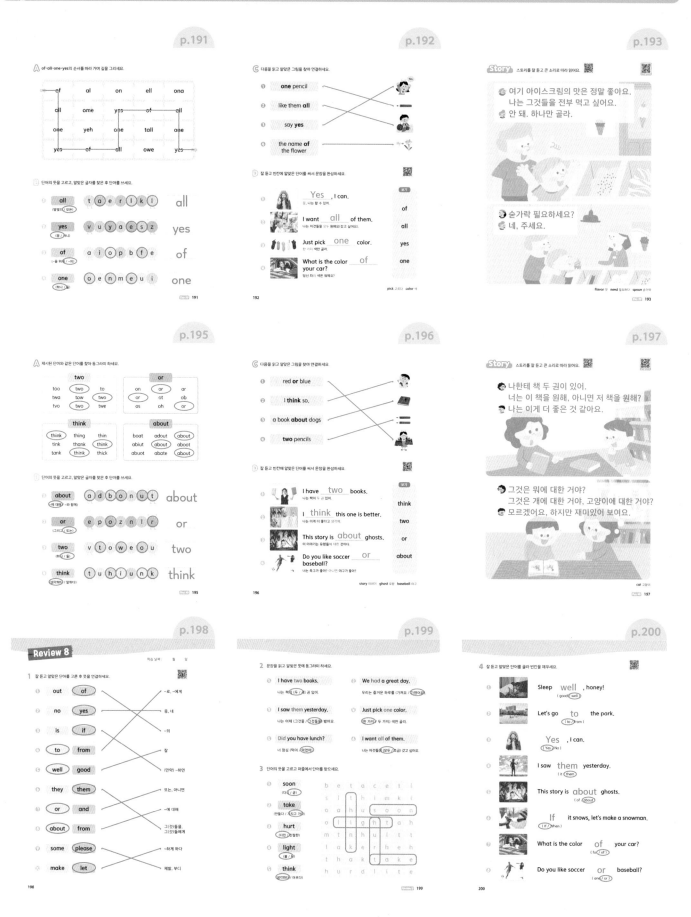

p.191

A of-all-one-yes의 순서를 따라 가며 길을 그리세요.

of	al	on	ell	ona
all	ome	yes	of	oll
one	yeh	one	tall	one
yes	of	all	owe	yes

B 단어의 뜻을 고르고, 알맞은 글자를 찾은 후 단어를 쓰세요.

① all (알맞은 / 모든) — t a e r i k l — all
② yes (응 / 나무) — v u y a e s z — yes
③ of (~를 위해 / ~의) — a i o p b f e — of
④ one (하나의 / 빛) — o e n m e u i — one

191

p.192

C 다음을 읽고 알맞은 그림을 찾아 연결하세요.

① one pencil
② like them all
③ say yes
④ the name of the flower

D 잘 듣고 빈칸에 알맞은 단어를 써서 문장을 완성하세요.

① __Yes__, I can.
응, 나는 할 수 있어.
② I want __all__ of them.
나는 저것들을 모두 원해(갖고 싶어).
③ Just pick __one__ color.
한 가지 색만 골라.
④ What is the color __of__ your car?
당신 차의 색은 뭐야?

보기: of / all / yes / one

pick 고르다 color 색

192

p.193

Story 스토리를 잘 듣고 큰 소리로 따라 읽어요.

여기 아이스크림의 맛은 정말 좋아요.
나는 그것들을 전부 먹고 싶어요.
안 돼. 하나만 골라.

숟가락 필요하세요?
네, 주세요.

flavor 맛 need 필요하다 spoon 숟가락

193

p.195

A 제시된 단어와 같은 단어를 찾아 동그라미 하세요.

two: too / two / to / twa / tow / two / tvo / two / twe
or: on / or / or / or / ot / ob / os / oh / or
think: think / thing / thin / tink / thank / think / tank / think / thick
about: boat / adout / about / abiut / about / aboot / abuot / abate / about

B 단어의 뜻을 고르고, 알맞은 글자를 찾은 후 단어를 쓰세요.

① about (~에 대해 / ~와 함께) — a d b o n u t — about
② or (그리고 / 또는) — e p o z n l r — or
③ two (하나 / 둘) — v t o w e o u — two
④ think (생각하다 / 말하다) — t u h i u n k — think

195

p.196

C 다음을 읽고 알맞은 그림을 찾아 연결하세요.

① red or blue
② I think so.
③ a book about dogs
④ two pencils

D 잘 듣고 빈칸에 알맞은 단어를 써서 문장을 완성하세요.

① I have __two__ books.
나는 책이 두 권 있어.
② I __think__ this one is better.
나는 이게 더 좋다고 생각해.
③ This story is __about__ ghosts.
이 이야기는 유령들에 대한 것이야.
④ Do you like soccer __or__ baseball?
너는 축구가 좋아 아니면 야구가 좋아?

보기: think / two / or / about

story 이야기 ghost 유령 baseball 야구

196

p.197

Story 스토리를 잘 듣고 큰 소리로 따라 읽어요.

나한테 책 두 권이 있어.
너는 이 책을 원해, 아니면 저 책을 원해?
나는 이게 더 좋은 것 같아요.

그것은 뭐에 대한 거야?
그것은 개에 대한 거야, 고양이에 대한 거야?
모르겠어요. 하지만 재미있어 보여요.

cat 고양이

197

p.198

Review 8

처음 날짜   월   일

1 잘 듣고 알맞은 단어를 고른 후 뜻에 연결하세요.

① out / **of** — ~로, ~에게
② no / **yes** — 응, 네
③ is / **if** — ~의
④ **to** / from — 잘
⑤ well / **good** — (만약) ~하면
⑥ they / **them** — 또는, 아니면
⑦ **or** / and — ~에 대해
⑧ about / **from** — 그(것)들을, 그(것)들에게
⑨ some / **please** — ~하게 하다
⑩ make / **let** — 제발, 부디

198

p.199

2 문장을 읽고 알맞은 뜻에 동그라미 하세요.

① I have two books.
나는 책 (두 / 세) 권 있어.
② I saw them yesterday.
나는 어제 (그것들을 / 그것을) 봤어.
③ Did you have lunch?
너 점심 (먹어 / **먹었어**)?
④ We had a great day.
우리는 즐거운 하루를 (가졌어 / **보냈어**).
⑤ Just pick one color.
(한 가지 / 두 가지) 색만 골라.
⑥ I want all of them.
나는 저것들을 (**모두** / 조금) 갖고 싶어.

3 단어의 뜻을 고르고 퍼즐에서 단어를 찾으세요.

① soon (다시 / 곧)
② take (만들다 / 잡다, 가져가다)
③ hurt (다친 / 다친)
④ light (힘 / 빛)
⑤ think (생각하다 / 아프다)

b	e	t	a	c	e	t	i
s	l	t	h	i	m	k	i
a	a	h	u	s	o	o	n
o	l	i	g	h	t	a	h
m	t	n	h	u	i	t	t
l	a	k	e	r	h	e	h
t	h	a	k	t	a	k	e
h	u	r	d	l	i	t	e

199

p.200

4 잘 듣고 알맞은 단어를 골라 빈칸을 채우세요.

① Sleep __well__, honey! (good / well)
② Let's go __to__ the park. (to / from)
③ __Yes__, I can. (Yes / No)
④ I saw __them__ yesterday. (it / them)
⑤ This story is __about__ ghosts. (of / about)
⑥ __If__ it snows, let's make a snowman. (If / When)
⑦ What is the color __of__ your car? (for / of)
⑧ Do you like soccer __or__ baseball? (and / or)

200

001

I am Tom.

002

an apple

003

like it

004

You are cute.

005

We are friends.

006

He is Sam.

007

a dog and a cat

008

I can swim.

009

It is pretty.

010

He is a teacher.

011

my dog

012

your dog

013

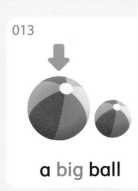

a big ball

014

a small ball

015

too cold

016

Come here.

017

go home

018

at home

019

I am hungry.

020

I am not hungry.

024	023	022	021
Where is it?	You are tall.	under the table	in the box

028	027	026	025
just kidding	a dog	love me	help me

032	031	030	029
What is it?	its ears	right hand	long hair

036	035	034	033
both colors	a good friend	that tree	this tree

040	039	038	037
I will go home.	try it	Let's start.	ride a bike

041
come **in**

042
grow **tall**

043
go up

044
go down

045
want **it**

046
look **at me**

047
Which **color?**

048
Wash first.
Then eat.

049
run **fast**

050
stop **the car**

051
get **the ball**

052
Go **away!**

053
on **the table**

054
make **a cake**

055
put **it there**

056
some **juice**

057
so **funny**

058
show **me**

059
the **only** child

060
small **but** heavy

064	063	062	061
into the box	try again	read a book	have a book

068	067	066	065
play together	a better idea	ask him	say sorry

072	071	070	069
I found it!	find my phone	Any food?	I see a cow.

076	075	074	073
She has a cat.	She is my sister.	old shoes	new shoes

080	079	078	077
Who is he?	I made it.	those balls	these balls

사이트 워드 표현 카드

081
cut it

082
the book

083
open the box

084
I was hungry.

085
They are ants.

086
went to school

087
saw a movie

088
We were tired.

089
tell me

090
be a singer

091
How are you?

092
Never run.

093
his house

094
live in Korea

095
many books

096
go out

097
work hard

098
carry a bag

099
the first snow

100
as cold as ice

104	103	102	101
Don't **go.**	walk **slowly**	**sing** with **me**	play **ball**

108	107	106	105
No, I don't like it.	a **little** bird	their **balls**	our **balls**

112	111	110	109
from **Korea**	after **lunch**	every **day**	do **homework**

116	115	114	113
came **home**	**Why are you** crying?	tell **him**	call **me**

120	119	118	117
before **10**	must **stop**	love **her**	know **the answer**

121

for **mom**

122

write **a letter**

123

use **a computer**

124

When is your **birthday?**

125

eat **dinner**

126

much **snow**

127

always **clean**

128

more **juice**

129

very **big**

130

Do it now.

131

keep **a dog**

132

got **a letter**

133

sit **down**

134

by **the window**

135

go there

136

She does **her homework.**

137

best **friend**

138

give **a present**

139

a kind **man**

140

tell **us** a story

144	143	142	141
See you soon.	want them	take the salt	go to school
148	147	146	145
dance well	a red light	had fun	did homework
152	151	150	149
Sit down, please.	It hurts.	Let me see.	if it rains
156	155	154	153
say yes	one pencil	the name of the flower	like them all
160	159	158	157
a book about dogs	I think so.	red or blue	two pencils